成功をつかむ最強の法則

四柱推命で導く天徳の力

四柱推命天徳流師範
石橋ゆうこ

はじめに

「天徳」って何？


この本を手にして、そのように思った方も多いのではないでしょうか？

「天徳」とは、字の通り「天」が「徳」を与えてくれるという意味です。

では、「徳」とは何でしょうか？

人徳、功徳、徳を積む、徳がある、徳が高い。

「徳」を使った言葉はたくさんあります。

徳とは、「均整の取れた精神のあり方を示す」もので、人間に備わって初めて善きものとなります。

徳がある人とは、気品、温情、理性、忠実、勇気、名誉、誠実、謙虚、自信、健康などが備わっている人のことを言います。

その「徳」を、無償で授けてくれる力を持つのが「天徳星」です。

そのありがたい天徳星を天が授けてくださる時が、皆様個別に違うのですが、確実にあるのです。


天徳星とは、ご先祖様からの徳であるという考え方もあります。

日々努力してきた方には、より大きな徳が降り注ぎます。

実際にこの天徳星を頼りにして、望みを叶えた方はたくさんいらっしゃいます。

転職、就職、結婚、受験、妊娠、揉め事の和解、ビジネスの契約などに嬉しいご報告を山のようにいただいています。

私は、そのような事実から、天徳をもっと多くの皆様に知っていただき、明日への希望や幸福のために活用していただきたく、この本を執筆いたしました。

天徳星については、「第4章　幸せをもたらす天徳の星」で詳しく解説しています。

ご自分の天徳星の見つけ方も記しておりますので、ぜひ見つけてみてください。

とかく難しいと思われがちな四柱推命ですが、根本理論は陰陽五行論です。

陰陽五行論については、はじめにわかりやすく説明しておりますので、これを腑に落として読み進んでいただけると、四柱推命学はわかりやすく面白いものとお気付きいただけるものと思います。

人生は短くも儚いものです。

せっかくこの世に生を受けたのですから、少しでも納得のいく幸せな人生を歩みたいと思いませんか?

これから雨が降ると知れば、傘を持って出かけるでしょう。

嵐が来ると知っていて、小舟で海に漕ぎ出す人はいません。

人生にも天気予報は必要です。

皆様には、ぜひ人生の天気予報として四柱推命を活用し、天徳星をお守りとして大切に懐にしまって、険しくもある人生路を快適に歩んでいただきたいのです。

均整の取れた精神がいかに幸せへの近道であるかも、この本をお読みくだされば、おわかりいただけるものと思います。

もう占いは「怖いもの」なんて言わせません。

天徳を教える四柱推命・天徳流は、皆様の味方、幸せに生きるためのツールであると自信を持ってお勧めいたします。

お読みいただいたすべての方が、天徳を得て輝いてくださいますように！

四柱推命天徳流 師範　石橋ゆうこ

目次

第1章　四柱推命の根本理論

【1】四柱推命ってなぜ当たるの？

四柱推命は、的中率ナンバーワンと言われています。

なぜそんなに当たるのでしょう？

それは、宇宙（太陽）と地球の波動を読み取り、それにより起こる出来事を分析し、統計立てて読み解いているからです。

四柱推命が大発展したのは、今から２５００年以上前の中国、春秋戦国時代です。多くの国々が乱立していた時代に、我が国の国王を勝たせるために、先人たちの汗と涙の結晶により編み出された運勢学です。

そう、四柱推命とは、れっきとした学問なのです。

「帝王切開」とは、おなかを切って赤ちゃんを誕生させることですが、その語源は、「帝王にふさわしい人物になる日に赤ちゃんを生む」というところから来ています。

まず、国王は、「帝王になる運気を持つ人」に生まれてもらう必要がありました。

王になる運気を持つ人を、その日に誕生させるわけです。


なぜ生まれた日時が大切なのでしょうか?

それは、生まれた日時により運気が決まるからです。

人は、生まれた時に大きな産声を上げますが、その時に地球上の波動（エネルギー）を同時に吸い込み脳に宿します。

その波動は一生、その人に関わり、性格、体調、容姿までも作っていきます。

それぞれの持つ波動により、相性も生まれます。

宇宙（太陽）や地球の移り行く波と生まれ持った自分の波が呼応して、運気が生じていきます。

ですから、生まれた日というものがとても大切になるのです。


その波動を、生まれた時の年月日時に四つの柱を作り、そこから起こる性格、相性、運気を読みとっていくのが「四柱推命」です。

（1）日本人と四柱推命

四柱推命について説明する前に、四柱推命理論がどれほど日本人に浸透しているか、についてお教えしましょう。

2月4日は、立春、暦の上では春になります。

太陽の波動は、1月の土用の月（冬から春への季節の変わり目の月）を終えて、早くも春の陽射しとなっています。

四柱推命では、立春である2月4日を「新しい年の始まり」と考えます。

新たな一年の運気は2月4日から始まるのです。

ですから、日本では、2月3日を節分として、新しい年が良い年となるように豆まきをして邪気を追い払う習慣があります。

「鬼はー外！　福はー内！」というこの豆まきには意味があります。お子さんのいないお宅でもやっていただきたい風習です。

この後も、日本人と四柱推命とのかかわりを、いろいろとお話ししていきますから、楽しみにお読みください。

(2) 統計学? そんなもので当たるの?

四柱推命は、統計により編み出された運勢学とお話ししました。

「統計ってそんなに当たるの?」と思った方に、まずは統計学のお話をしましょう。

皆さんは、2:6:2の法則って知っていますか?

たとえば、ある高校の1組の生徒を例に挙げましょう。

文化祭に向けて、1組で模擬店を出店することになりました。40名の生徒の中で、委員になって積極的に案を出して動くのは、大体8名です。何にもやらずに、文化祭当日も出席を取ったらさっさと帰るのが8名。残りの24名は、適当に参加します。

一つの集団を作ると、熱心に参加するのは2割、さぼるのが2割、適当に参加するのが残りの6割と言われています。その6割の中にも、2:6:2の割合で温度差が出来上がります。

いかがですか？　心当たりはありませんか？

この法則は、統計により成り立った数です。


こんな話もあります。

ある会社の社長さんが、「社員が働かない」と嘆いていました。

そこで、経営コンサルタントが、社長にこんなアドバイスをしました。

「全く働かない社員を入れてみてください。

程なくして、遅刻常習犯で、仕事中に携帯をいじるは、化粧をするは、居眠りするは、注意をすればふてくされるという、最悪な社員がやってきました。

果たして、この会社はどうなったでしょうか？

今まで働かなかった社員たちが、熱心に働きだしたそうです。


物事に対する傾向を分析するということは、一つの統計学です。たとえば、お店を出店する場合、まずは市場調査を行い、トレンドを探ったりしますよね。

「すべては統計による」と言っている学者もいるくらいです。

(3)「四柱」とは、何のこと?

四柱推命では、生まれた時の年月日時のそれぞれの波動を出す、と書きました。

四柱推命の「四柱」とは、その人が生まれた年月日時の太陽の波動と地球上の波動をそれぞれ出して、４つの柱を立てるということです。

４つの柱の波動から星を割り出し、その星の並びによって、運気の流れや、性格や体調、相性などを見出します。

人間は、生まれたときにとても大きな産声を上げます。

「赤ちゃん」と言うように、真っ赤になって全身で泣きます。

産声を上げるそのわずかな間に、全身に空気をみなぎらせていると考えられています。

やがて、ひと時すると泣き止み、クークーと寝てしまいます。

産声を上げているときに、太陽と地球の波動を一気に吸い込み、それが脳や全身に刷り込まれるのです。

最初に刷り込まれた波動がその人の体調や性格となり、波長が合うか合わないかによって相性が生まれます。

また、常に移ろう太陽、地球の波動に呼応してその人の運勢（人生）が決まっていきます。

それでは、地球・太陽の波動は、どのように表すのでしょうか。

次の項目でみていきましょう。

【2】地球の波動と太陽の波動の表し方

（1）地球の波動について

▼地球上の森羅万象は、陰陽五行で説明できる

「陰陽五行論」という言葉を聞いたことはありますか?
地球上の森羅万象は、すべて陰陽五行で説明することができます。
陰陽五行というものは、とても奥が深いのです。
すべての東洋思想は、陰陽五行論によるものです。医学、薬学、哲学、武道、命学、
これらはすべて陰陽五行思想から成り立っています。
四柱推命は、その中の「命学」にあたります。

▼この世は陰陽に支配されている

まず、「陰陽」(いんよう)についてお話ししましょう。
この世の根本は、すべて「陰」「陽」の2つのカテゴリーに分けられます。
下の図は、陰陽を表したもので、「太極図」(たいきょくず)といいます。
韓国の国旗にも使われていますね。

太極図は、陰陽のバランスを示したもので、この世の始まりを表すともいわれています。つまり、混沌（カオス）に陰陽が生まれたことにより、あらゆるものが引き合い、回り始め、この世が始まったという理論です。

この世は、陰陽に支配されています。

アンドロメダ銀河も、太陽系も、すべてが陰と陽の引き合いにより回り続けているのです。

地球は自転することにより、陰陽（昼夜）が生まれました。

この地球上に陰陽が生じたことから、生命が誕生したと考えられています。

人間の体の中にも陰陽はあります。

太極拳という武道をご存知ですよね。太極拳は、人の持つ陰陽のパワーを利用して手の中に陰陽の球（太極の球）を作り、その球を練って強く大きくして体中に行きわたらせて心身の安定をはかるものです。

陰陽のバランスは、人によって異なります。これは、生まれながらにして持った個々の陰陽のバランスが違うからです。

太極拳のような陰陽のパワーを使う武道を行うことで、個々人の陰陽バランスをとることができます。陰陽バランスがとれると精神的に安定して、体も健康になっていくのです。また、人との関わりや物事への考え方にもバランスが取れてきて、運気も安定してくるのです。

人のそれぞれ異なる陰陽のバランスとは、生まれた時の地球の陰陽バランスです。この異なる陰陽バランスが、性格や体調を作ります。

人それぞれの陰陽は、生まれた時に吸い込んだ地球の陰陽なのです。

武道には、太極拳のほかに、少林寺拳法、合気道、空手などがあります。

太極拳は、内部の気を高めて陰陽のバランスをとるものですが、少林寺拳法は相手を倒す気を高めて発していく武道です。その他、気功、瞑想なども心身の陰陽バランスを整える健康法です。

「ドラゴンボール」という漫画で、「カメハメ波ー！」と言って、手の中からパワーを吹き飛ばすシーンをご存知かと思います。

「カメハメ波」は、ものすごく大げさな表現ではありますが、間違いではありません。

人は誰でも手の中に太極の球を作り、「カメハメ波」ほどではなくてもパワーを発することができるのです。

空手などで鍛錬を積んだ人は、手の中から相手に威圧感を与える気を発することもできるようになります。鍛錬を積んでいない人は、自分の気の球は大切なものですから、心身の充実のために外に発さずに、自分の体に行き渡らせたほうが良いでしょう。


では、「陰陽」について、さらに詳しくみていきましょう。

陰陽を表している「太極図」を、もう一度ご覧ください。

一日を表しています。

白い部分は、昼であり「陽」を表します。

黒い部分は、夜であり「陰」を表します。

白い部分のしっぽのように細いところは、明け方の5時や6時頃を示します。「陽」が少しずつ増してきています。黒い部分の細いところは、夕方の5時や6時頃を示します。「陰」が少しずつ増してきています。

白が最も太くなったところは、午後2時頃を示します。黒が太いところは、真夜中の2時頃を示します。真夜中の2時頃は、最も陰気が満ちている時間帯です。

地球は、太陽の周りを自転して昼と夜を作り出しているために、生命が誕生したと言えます。

もし、地球が自転を止めたら、すべての生命は死滅してしまうでしょう。

この絶えることのない「陰陽」の流れがこの地球上を支配している限り、生き物は命を繋いでいくことができるのです。

地球は、プラスとマイナスの大きな磁場によって引き合っています。

プラスとマイナス、これも「陰陽」です。そのため、海は引き潮、満ち潮を生じます。人は、満ち潮に生まれ、引き潮に亡くなると言われています。

「明けない夜はない」と言いますが、人生もまた同じことです。この世に生を受けた私たちの人生にも、夜もあれば昼もあり、引き潮もあれば満ち潮もあるのです。

私たちの体も、すべてが「陰陽」に支配されています。昼は活動して、夜は眠ります（たまに夜行性の方もいらっしゃいますけれど）。

息を吸って、吐き出します。心臓も、動脈から静脈へと血液を流します。栄養を摂って、排出をします。

絶えることのない陰陽の繰り返しが、命の源なのです。

また、植物、動物、昆虫、すべては、オスとメスに分かれています。

オスを「陽」、メスを「陰」と分類します。陰と陽の交わりにより新たな命が誕生し、絶え間なく命が受け継がれていきます。

概念的に言えば、「陰」は受動的、「陽」は能動的と言えます。

具体的に言うと、「陰」は、暗、軟、冷、静、影、裏といった言葉が当てはまります。

「陽」は、明、硬、熱、動、光、表といった言葉が当てはまり、すべてが反対に位置します。この世のすべてに、表と裏があり、光と影が存在するのです。

とかく今の世は、明るい、前向き、行動的、といった陽の部分を良しとします。

しかし、時には立ち止まり物思いにふけり、反省をして、静かに過ごすといった「陰」の部分が人間には必要です。常に走り続けていたら、疲れ果ててしまうのと同じです。

あるグループの皆が「陽」の人だとしたら、どうでしょうか。たとえば、飲み会やイベントを積極的に発案して、やる気だけが人一倍みたいな人しかいなかったとしたら？

きっと、計画倒れになってしまうでしょう。

緻密に計画のできる人、裏方に回って準備のできる人、人と交渉ができる人といった「陰」の力がないと、物事は成立しないのです。


最後に、ミクロの世界をみてみましょう。

物質の基本単位は、原子です。原子は、「陰」としての電子と、「陽」としての原子核に分類できます。さらに原子核をみてみると、基本粒子である「レプトン」と「クオーク」に分かれます。その組み合わせは、常に「陰」と「陽」から成り立っています。

では、マクロの世界は？

地球は、磁場によって引き寄せられて、太陽の周りを回っています。

もうおわかりですよね？

この世のすべては、ミクロの世界もマクロの世界も、「陰陽」の2つのカテゴリーに分類されており、絶えることなく繰り返されているのです。

地球の波動を支配する陰と陽について、ご理解いただけていたら嬉しいです。

▼五行とは、地球上の営みを5つの要素に分けたもの

次に、陰陽五行の「五行」についてお話ししましょう。

五行とは、地球上の営みを5つの要素 「木」「火」「土」「金」「水」に分けた考え方です。

なぜ、5つなのか？ 5は、安定する最小の単位だからです。

人間の指が5本だからとも言われています。

東洋思想に興味のある方は、五行についてご存知の方も多いでしょう。

五行の「行」とは、動きを表しています。

木火土金水の5つの要素は、常に動き回っています。

宇宙、地球のすべての要素は、常に移ろっているという意味です。

五行とは、マクロの宇宙レベルでもミクロの素粒子レベルでも、すべては陰陽に引き寄せられて動き、変化を続けているという考え方です。


では、木火土金水の5つの要素がどのように働き、関連付けられているのかをご説明しましょう。

・相生（そうしょう）の関係

5つの要素が助け合って、相乗効果を上げていく関係です。

下図のように、時計回りに隣り合ったものへと助け合って移っていきます。木→火→土→金→水→木……という具合に、限りなく前の要素が次の要素を助けていくという流れです。

助け合い、相乗効果があり、互いに気持ちの良い関係です。

これを「相生」の関係といいます。

「相生」とは、どのような流れなのでしょうか？

・木と木は摩擦し合って火を起こします。（木→火）

・燃えた木はやがて灰となり土になります。（火→土）

・土は、固まり鉱物になります。（土→金）

・金からは、水が滴ります。水は、鉱脈を通って湧

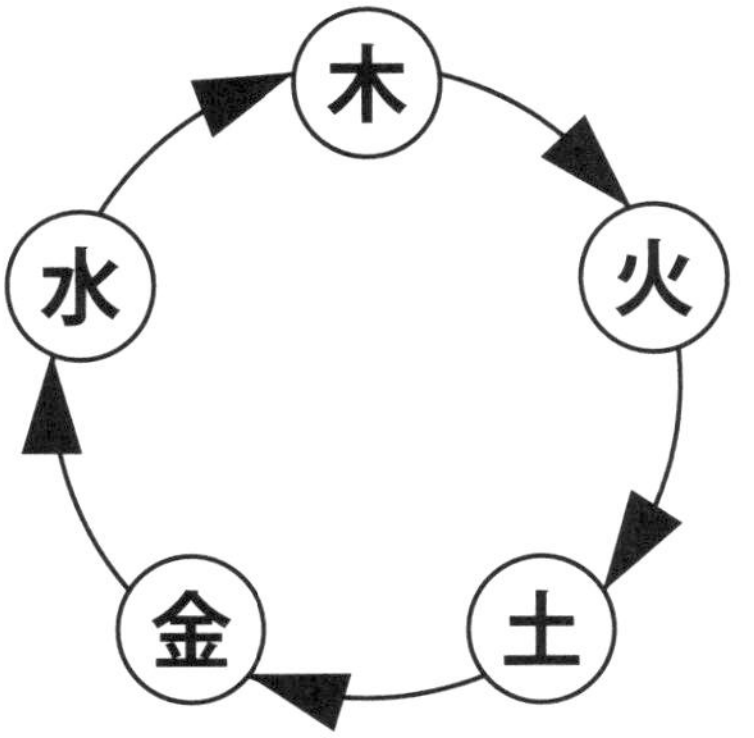

き出てきます。（金→水）

・澄んだ水は、草を成長させ、草はいずれ木となります。（水→木）

五行の前提には、「陰陽」がありました。

陰を月、陽を日と考えます。

そこに五行の木火土金水を合わせると、日月火水木金土となり、一週間ができました。私たちが、日頃から何気なく使っている一週間の名称は、陰陽五行から来ているのです。

・相剋（そうこく）の関係

では、もう一つの関係、叩き合ってつぶしていく関係である「相剋」について説明しましょう。

下図のように、一つ飛ばした先の物に対してやっつけていく関係です。

木→土→水→火→金→木、とこちらも星の形を描きな

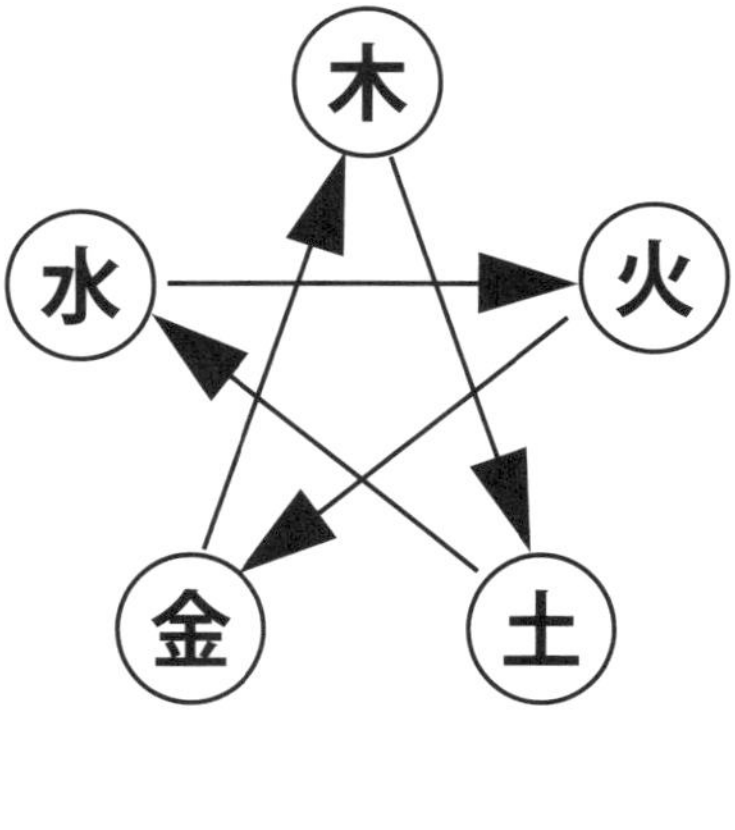

がら、滞ることなく続きます。
こちらは、嫌な関係です。
・木は、土の養分を取ります。
・土は、水を濁らせたり、流れをせき止めます。
・水は、火を消します。
・火は、金を溶かします。
・金には、木は根を張ることができずに枯れてしまいます。

邪魔ばかりする、嫌な関係が成り立っていますよね。
これを「相剋」と言います。

人は皆、生まれながらばらつきの異なる陰陽五行を持っています。このばらつきを、生まれた時の太陽と地球の波動からみていくのが四柱推命であるとご説明しました。
生まれ持ったすべての人の異なる五行は、相生と相剋の関係を持ちながら、性格、体調、相性、運気を作っています。

個別に宿った太陽、地球の波動が、人の性格や体調、相性などを作るのです。

これが、四柱推命理論の入り口です。ご理解いただけましたか?

▼陰陽五行から生まれる性格

陰陽五行図を基にみていきましょう。

これは、地球の波動を表したものでしたね。

すでにご説明してきたように、人が持つ陰陽五行のバランスは、生年月日時によりばらつきが異なります。

そのばらつきの違いにより、性格や体調が生まれます。


では、どのように性格が生まれるのでしょうか?

生まれた日の陰陽五行から、その人の基本的な性質が読み取れます。

誕生した日の陰陽五行はとても大切です。その人の中心を作るからです。

五行相生・相剋の図

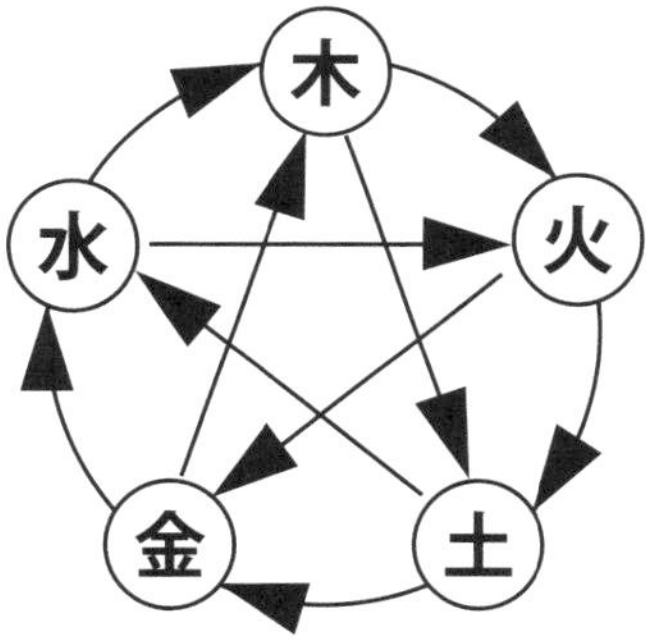

陰陽の図

・五行の基本的な人間性質

［木］慈悲、思いやりなど他者に対する無条件の愛を示します。↓情

［火］道徳、理論など生きていく上での道を示します。↓外交性

［土］信義、真心など他者に対する心の儀を示します。↓保守性

［金］正義、信義など自分自身に対する心の儀を示します。↓勘

［水］知恵、判断力など理解力の働きを示します。↓理性

　五行のバランスの良い人は、以上の性質がうまく循環し、心が安定して落ち着いています。その人を取り巻く物事は、滞ることなく流れていきます。運

気も安定しています。
では、五行の何かがなかったり、少なかったりした場合はどうなるのでしょうか？

・木がない　人情、慈悲の心が薄く、ケチな傾向があります。
・火がない　外面はいいが、大事は成し遂げられません。
・土がない　理屈が通じず、頑固者。他人の援助が受けられません。
・金がない　決断力が乏しく、挫折することが多いです。
・水がない　迷いが多く、心変わりしやすい傾向があります。

なんとも寂しいですね。
では、五行の何かが多すぎる場合はどうなるでしょう？

・木が多すぎる　情に流され、物事に対して軽率に動き、仁慈の心に欠け、度量が狭くなります。
・火が多すぎる　早とちりで意志が定まりません。陽が多すぎて陰が生じると言われ、外面は華やかさがあるのに内面は暗いものがあります。激情に走り怒りやすいです。
・土が多すぎる　自己中で自我が強く反省する心が欠けています。他人の言うことを聞きません。財の執着が強くなります。
・金が多すぎる　負けず嫌いで反抗的。家庭生活も円満を欠きます。
・水が多すぎる　心が落ち着かずに、移動、放浪癖があります。持続力に乏しく気が変わりやすくなります。

多いのも良くありません。何事もバランスが大切です。

四柱には、一つの柱に2つずつの五行があり、全部で8つの五行が並びますが、木、火、土、金、水の5つがバランスよく並ぶのが、一番良いのです。

▼五行と体調の関係

五行のバランスは、体調にも現れるとお話ししました。
どのように表れるのでしょうか？

・木は、情を表します。

木が多くなると情が深くなりすぎて、それが「恨み」に変わります。

恨みが深くなると、憂さ晴らしにお酒に頼りたくなります。

お酒を飲みすぎると、肝機能が弱くなります。

やけ酒は、本当に体に悪いということがわかりますね。

・火は、外交性を表します。

火が多くなると「興奮状態」となり、血圧が上がったりドキドキしたりします。

血圧が上がりすぎると、心機能が低下します。

・土は、保守性を表します。

土が多くなると守りが強くなりすぎて、「心配や憂い」が募ります。

心配ばかりしていると、胃が痛くなったり、お腹の調子が悪くなったりします。

胃腸機能が低下するのです。

・金は、勘の鋭さを表します。

金が多くなると勘が鋭くなりすぎて、「悲しみ」が増してきます。
悲しんでいると顔色が青白くなり、呼吸が浅くなります。
呼吸が浅くなると、肺機能が低下します。

・水は、理性・理解力を表します。

水が多くなると、「恐れや驚き」が強くなります。
恐れや驚きが強いと冷え性となり、腎機能が低下してきます。
びっくりすると鳥肌が立ったり、腰が抜けたりしたことがありませんか？
あれは腎機能の低下によるものなのです。

五行と、性格や体調の繋がりが少し見えてきましたね。
では、もう少し詳しく、五行と体の部分との繋がりもみてみましょう。

・木は、肝機能に関係しています。

木は、目を表します。

肝臓の悪い人は、目の白い部分が黄色くなりますね。

・火は、心機能に関係しています。

火は、舌を表します。

興奮すると、顔は赤くなり、舌が乾きます。

・土は、胃腸機能に関係しています。

土は、口を表します。

胃腸が悪くなると、舌が白くなったり、口の周りにできものができたりします。

・金は、肺機能に関係しています。

金は、鼻を表します。

風邪を引けば鼻がつまりますよね。咳も出ます。

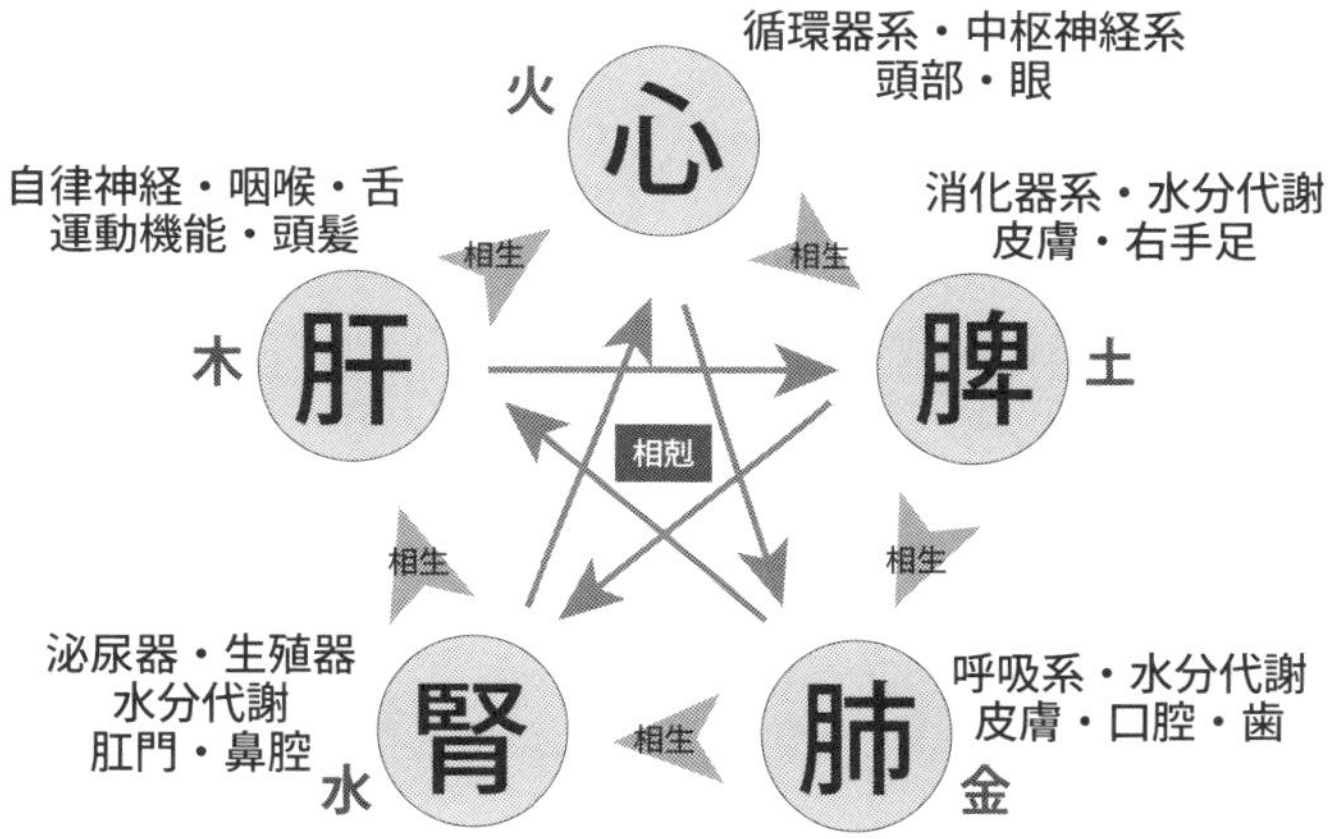

・水は、腎機能に関係しています。

水は、耳を表します。

腎が衰えると、体が冷えて耳鳴りがしたりします。

上の図は、心（火）→胃腸、脾（土）→肺（金）→腎（水）→肝（木）の順番です。

体調も、性格が作り出しているのです。

何事にもあまりこだわらずに、適当に付き合うことは大切なことです。なるようになると、心穏やかにやり過ごすことが重要なのです。

なぜなら、五行は、常に動き変化を続けているからです。

水の無の状態から、木が生まれて、火で活動して、土で充実し、金で実りを迎えて、水でまた無に戻ります。

これらのいくつもの波の繰り返しによって、運気が作られています。

良い時は、長く続くわけではありません。

悪い時も、ずっと続くわけではないのです。

人はみな、良い時期が長くあってほしいと願っています。

もちろん、私もそうです。

しかし、当然ながら、良い時期ばかりが長く続くことはありません。悪い時期も必ずやって来ます。

大事なのは、変化を続ける波を受け入れることです。そうすることで、来るべき時に備えることができ、それが幸せな人生へと繋がるのです。

宇宙の波動、地球の波動を受け入れるところに、心の充実・安寧があるのです。

▼陰陽五行を利用した組織運営

五行を日常生活に生かす方法をお話します。

五行が揃い、まんべんなく巡ることにより、物事は滞りなく進んでいきます。
この考え方は、個人だけでなく、グループや組織にも同様に使うことができます。
五行の移り変わりを次のように考えます。

・木　育っていく様子　→　成長
・火　燃え盛る様子　→　活気
・土　踏み固められる様子　→　チームワーク
・金　実りを示します　→　結果、成果
・水　水面下で動く様子　→　戦略

上記のように作用する五行を、サッカーチームが優勝を手にするためにどのように回すとよいのかという例を作ってみました。

水（戦略）相手チームを知り、勝つための練習方法や試合中の戦略を立てます。
↓　木（成長）練習の成果が上がり、スキルアップしてきました。

↓　火（活気）チーム全体にやる気が出てきて、活気が生まれます。
↓　土（土台）チームワーク、信頼関係が生まれます。
↓　金（成果）試合に勝つことができました！
↓　水（戦略）次の試合に備えて、新たな戦略を立てます。

このように、ぐるぐると回していきます。

この考え方は、企業内でも家庭内でも使うことができます。

いくら活気があり楽しい雰囲気があっても、お互いに信頼関係がなく勝手な行動をしていたら満足のいく成果を得ることはできません。

どんなに良い作戦を立てても、スキルアップが図れなければ、活気は生まれません。

円滑に五行を回してこそ、目標が達成され、成功を手にすることができるのです。

何かうまくいかない、思うように進まないといったことがあったら、五行のどこかが滞っているのかもしれません。立ち止まって、検証をしてみると良いと思います。

五行は、草木にたとえれば、芽吹き→成長→実り→枯れる→種の状態といった一つの波を作っています。

四柱推命では、すべてが波動であり、終わりのない波を描き続けていると解釈しています。

▼十干について

陰陽五行は、陰陽2つと五行5つで表されています。

つまり、陰陽2×五行5＝10となり、これを十干（じっかん）と呼びます。

十干は、以下のように表します。

甲　乙　丙　丁　戊　己　庚　辛　壬　癸

こう、おつ、へい、てい……昔の通知表はこの順番でした。今でも、契約書には、甲と乙が使われています。昔の名残ですね。

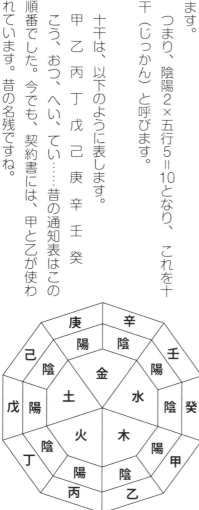

以下のように読みます。

・木→　甲（陽）きのえ　乙（陰）きのと
・火→　丙（陽）ひのえ　丁（陰）ひのと
・土→　戊（陽）つちのえ　己（陰）つちのと
・金→　庚（陽）かのえ　辛（陰）かのと
・水→　壬（陽）みずのえ　癸（陰）みずのと

お気づきでしょうか？
「き」「ひ」「つち」「か」「みず」に、それぞれ　「え」「と」が付いています。「え」が陽につき、「と」が陰についています。

四柱推命では、生まれた日が、一番その人に影響を与えると考えています。
生まれ日の「十干」は、その人の根本的な性格となります。
それぞれどのような特徴があるのか、みてみましょう。

▼十干から見た性格

四柱推命では、生まれた日を中心に命式を作り、運気を決めていきます。
ですから、誕生日（日柱）の十干はとても大切です。
その人の根本を作っていると言えます。

自分の生まれた日の十干をみる場合には、万年暦を使います。
インターネットで「万年暦早見表」を検索して、生年月日を入れてみましょう。
自分の生まれ日に並んでいる漢字2文字が、十干・十二支です。
十干は甲・乙・丙・丁・戊・己・庚・辛・壬・癸の10個です。
さて、あなたの生まれ日の十干（種）は何でしょうか？
まずは調べてみてください。
その十干からどんな人格が作られるのでしょうか。
少し丁寧にみてみましょう。

（木のグループ）

・甲（きのえ）の人 ↓ 木の陽

そびえたつ大木のイメージ。

品があり、さらに上に伸びようとします。

リーダーの資質があり、責任感や正義感があります。

人情的で素朴です。

想像力もあります。

権力に弱いところがあります。

上下関係に敏感です。

「僕の木陰に入ってお休みよ」と言ってく

甲（きのえ）イメージ

れそうな面倒見の良い人です。
ただ、やり始めると途中でやめることができません。
辞めるために意義を見つけることが大切です。
命令されることを嫌うので、自らが納得して進むように仕向けることです。

大木ですから、姿勢が良いです。
背筋がピーンとしています。

・乙（きのと）の人　↓　木の陰

田園に咲く可憐な草花や、大木の下に優しく揺れる草花のイメージ。
優しさとしぶとさがあります。

粘りがあり、協調性があります。
場を和ませる気配りの人。

乙（きのと）イメージ

変なところが几帳面だったり、真面目だったりします。

マイペースで努力します。

女性的ですが、強情で意地っ張り。

背が高くひょろっとしています。

おとなしそうですが、芯は強く、グループの結束を固める役割を果たします。

ただ、決断に時間がかかるので、ビシッと決断できる人と組み引っ張ってもらうとうまくいきます。


大きな大木の木陰で休んだら、足元に優しい草花が風にそよいでいたら、心が洗われるように気持ちが良いですよね。

木の陽も陰もなくてはならない存在です。


（火のグループ）

・丙（ひのえ）の人　→　火の陽

燃え盛る炎です。

太陽、火山などのイメージです。

派手で華やか、明るくて大らかです。
サービス精神が旺盛で、行動的。
その人がいると周囲が明るくなります。
単純でわかりやすく、忍耐力や持久力に欠けます。

自己中心的なところがあり、周りを振り回してしまいます。
優しく諭すようにして納得してもらいましょう。
嘘はつけません。すぐに顔に出てしまいます。
単純で、憎めない人です。

・丁（ひのと）の人　↓　火の陰
暗闇を照らす一筋の灯。

丙（ひのえ）イメージ

真っ暗な闇に灯台の一筋の光を見つけたらほっとしますよね。

そんな光のイメージです。


情熱的でありながら、内面は繊細、思いやりにあふれています。

頭の良い人が多いです。

鋭い感性から、クリエイティブな仕事が向いています。

いち早く危険を察知したり、見えないものが見えるので、企画やアイデア力に富んでいます。

本当に信頼した人には心を開きます。

頼りにされると喜びます。

知的な雰囲気を好むので、ソフトな対応を心がけて、信頼を得ると良き相談相手となってくれます。


燃え盛る太陽と、暗闇を照らす一筋の光。どちらの光も、人間にとってはなくてはならないものです。

丁（ひのと）イメージ

火の陽も陰も魅力的な人ですよね。

（土のグループ）

・戊（つちのえ）の人　↓　土の陽

大きな山のようなどっしりとした人。
頼れる兄貴タイプです。
大きな山のイメージです。

派手だが、世話好きです。
現実的でしっかり者です。
人を自分の大きな器の中で動かすことのできる寛大な精神の持ち主が多いです。
面倒見がよく、人の能力を引き出したり、活かすことができ、頼られます。

戊（つちのえ）イメージ

不思議と不動産業の人が多いのも事実です。

なにしろ山ですから、言い出したらてこでも動きません。見栄っ張りですが、好きな人が言ったことは信じてしまう、機転が利かない人でもあります。

身体の大きながっしりしたタイプが多いです。人の話はあまり聞いていないので、興味なさそうにしていたら何度か確認したほうが良いです。

素朴で大胆な人。憎めません。

・己（つちのと）の人　↓　土の陰

柔らかく耕かされた土のイメージ。

庶民的で親しみやすい人です。

良く耕された柔らかい土です。

規則正しく温和な性格。

情があり庶民的ですから、人から好感を持たれます。

粘り強く、目標を持てば、歩みはのろくとも必ずゴールまで努力を続けます。

サポート役が向いています。


頑固者で、人の言うことに耳を傾けません。

人を束ねるのは苦手です。

不思議と日本人には、土の陰の人が多いです。


親切で面倒見がよく、社会に目を向けている現実主義者。これは日本人の特徴とも言えるかもしれません。

安心な人です。

どっしりと安心感のある戊（戊）の人と、良く耕された柔らかな土のイメージの己（己）の人。

己（つちのと）イメージ

どちらも安定感がありますね。

（金のグループ）

・庚（かのえ）の人　↓　金の陽

よく切れる斧や刀のイメージ。

感受性が強い自信家です。

鉱山や大きな斧、鉄などのイメージです。

質実剛健、意志が強く自信家です。

大きな刀なので、気に入らないことがあるとバッサリとやってしまいます。

正義感が強く、敵対する人には堂々と意見します。

キラキラの金ですから、勘が鋭く、流行に敏感でセンスが良い人が多いです。

庚（かのえ）イメージ

強引で人の話は聞きませんが、損得の話には敏感です。損をしないようにと思って行動し、結果的に損をすることもあります。利己的に見られないように注意しましょう。

情に流されずに、客観的に大局を見ようとします。肌のきれいな人が多いようです。

・辛（かのと）の人　→　金の陰

スパっと細かなところも切ってしまうナイフのイメージ。デリケートで芸術性があります。光る宝石、よく切れる小刀やハサミのイメージです。

苦労性で現実派。

完全主義者が多く、完璧を求めて辛抱強く研究を進めます。

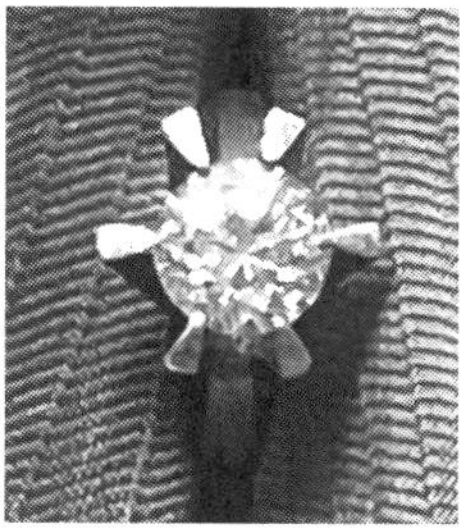

辛（かのと）イメージ

デリケートな中に、品格とプライドを持ち、美的世界を求めて道を極めます。
芸術的な仕事をすると、素晴らしい成果を上げます。
協調性に欠けるので、組織では扱いにくいようです。
一見繊細に見えますが、好き嫌いがはっきりとしていて、明確な意志を持っています。
合理的でセンスが良い人ですが、神経質になりすぎると毒舌になります。
よく切れるナイフで、スーッと切られる感じです。
女性は、宝石が似合う人が多いです。

決断力がありさっぱりとした庚（かのえ）、繊細なイメージの辛（辛）、どちらもシャープさがあり、流行にも敏感です。

（水のグループ）

・壬（みずのえ）の人 ↓ 水の陽
こんこんと流れる水。大河のイメージ。

勇気があり、頭脳的な才能があります。

流れる大河のイメージです。

勇気があり、頭脳的才能に恵まれています。

流れる川ですから、束縛されるのを嫌います。

小さな川から大河となり、しまいには海に流れ込むことから、大器晩成型が多いです。

スケールが大きくて、頭領の器、指導者向きです。

勝負師的なところがあり、結果を急ぐために敵を作りやすいです。

歴史上の人物で暗殺された人が多いのも特徴です。

知的だけれど、強引な策略家といった感じです。

壬（みずのえ）イメージ

人には親切で役に立つことを好みますが、自分自身は束縛されるのを嫌うので、ある意味で無責任なところがあります。

勝っているときは良いのですが、負けてくると弱いです。

緊張してくると、なぜかトイレが近くなります。

・癸（みずのと）の人 → 水の陰

霧のような儚げでうつろなイメージ。

正直で大人しく実務能力があります。

霧、雨、ミストのイメージ。


天から降り注ぐ恵みの雨です。

どんな場所にも対応できることができるので、したたかともいえます。

実務能力に長けていて、どんな仕事でもこなす資質があります。

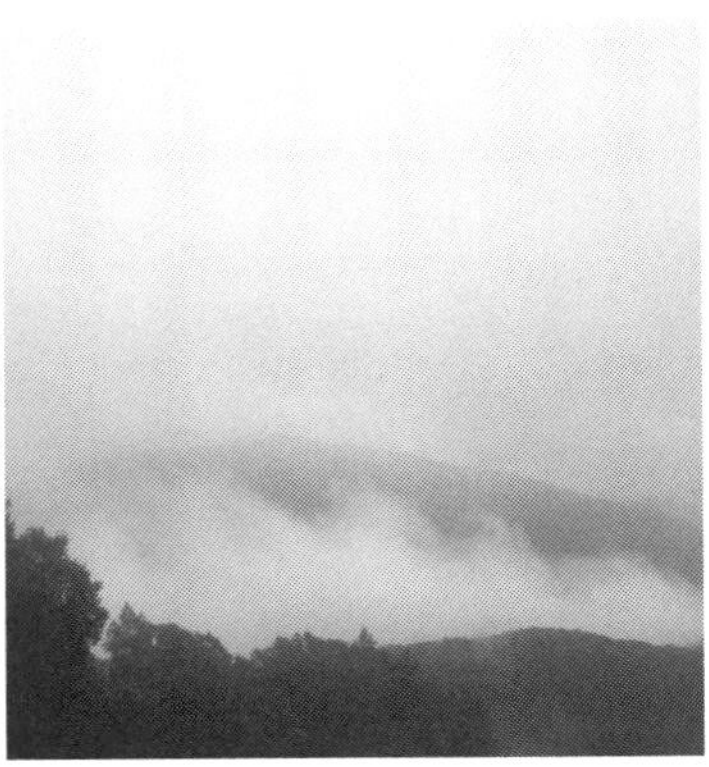

癸（みずのと）イメージ

派手さはありませんが、八方美人的なところがあります。

気が変わりやすいです。


純粋な気持ちの持ち主で、感情豊かな人。

繊細で神経質なところがあり、些細なことをくよくよと悩み始めると、必要以上に悲観的になったりします。

疲れると、のどを腫らしてしまいます。

緊張すると、なぜかトイレが遠くなる。

大胆なこともさらりとやりのける壬（みずのえ）、裏方として働いてくれる癸（みずのと）。

どちらも頼りになる策士です。


以上、十干（陰陽五行）の性質をざっと説明しました。

地球の豊かな自然に育まれ生まれた私たち。その性格は、誰もが愛おしく可愛らしいものです。

すべての五行において、陽の人は、大胆で大らか、明るい感じです。

陰の人は、繊細で緻密、用心深い感じがします。

陽の人と陰の人はなぜか引き合い、生涯の友になったりするのです。


いかがでしょうか？　自分の十干が知りたくなりますよね。

今では、スマートフォンで「四柱推命　命式」と検索して生年月日を入れれば、簡単に命式をみることができるようになりました。

生まれた日の十干をみてくださいね。

または万年暦から、自分の生年月日をみて探すことも可能です。

生まれ日の十干だけでも、随分とその人の人となりがわかります。「当たっている」と思う方が多いと思います。


自分のことがわかると、次は、五行による相性が気になってきますよね。

では、五行同士の相性についてお話ししましょう。

▼十干からわかる相性

十干から分かる相性についてお話しします。

まず、同じ十干を持った者同士はどうでしょうか?

たとえば、甲と甲（木の陽同士）、丁と丁（火の陰同士）のような関係です。

同じ十干を持った者同士は、同じような傾向のことを考えているので、すぐに意気投合します。

ただ、陽の人同士の場合は、長く一緒にいると疲れてきそうです。

陰の人同士の場合は、まったりして、いつまでもとりとめのない話をぐるぐるしたりしていそうです。

次に、同じ五行で陰陽の人はどうでしょうか?

たとえば、戊と己（土の陰と陽）、庚と辛（金の陰と陽）みたいな関係です。

同じ資質を持ち、陰と陽ですから、すぐに引き合います。

ただし、同じ気持ちの波を持つため、お互いに嫌気がさす時も一緒です。仲良くなるのも、別れる時も早いです。

・相生関係にある五行同士の相性

五行の相生の関係を覚えていますか？

下図のように、時計回りに次の五行の人を助けていくのでした。

火の五行の人（丙、丁）は、次の土の五行の人（戊、己）を助けることを喜びとします。

土の人も、火の人と一緒にいて安心するので、良い関係が保たれます。

火の人は、明るく暖かな心を持っています。

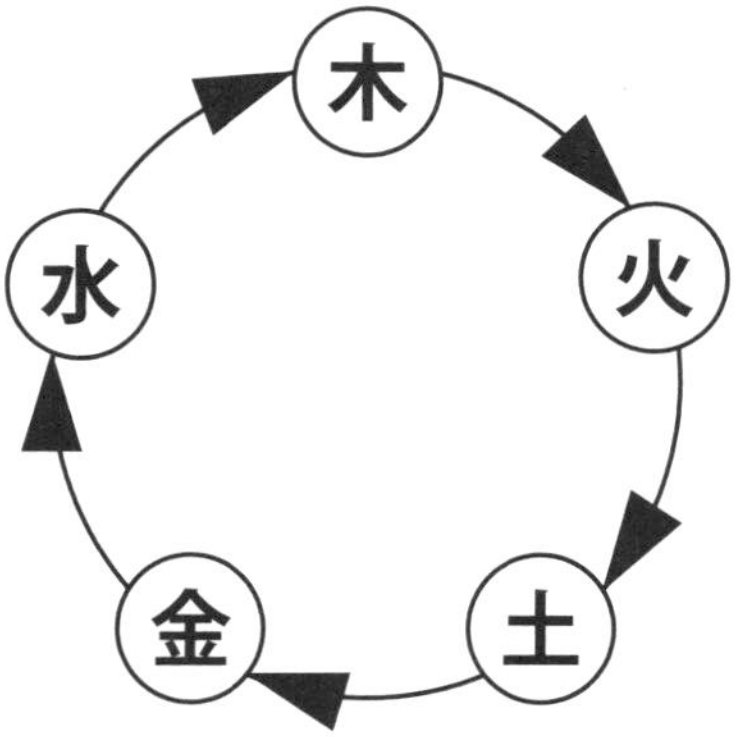

土の人の大らかな温和な性格を助けたくなり、土の人も暖かく包まれて嬉しいのです。


土の人は、金の人を助けることを喜びます。

金の人も、土の人と一緒にいて安心します。

土の人の大らかさが、鋭い感性を持つ金の人には安心なのです。

金の人は、水の人を助けることを喜びます。

水の人も、金の人と一緒にいて嬉しいのです。

金の鋭さが、頭の良い水の人には、楽しいのですね。


水の人は、木の人を助けることを喜びます。

木の人も、水の人が一緒にいると楽しいのです。

水の人の思考力が、向上心の強い木の人には頼もしくも嬉しいのですね。

生じる関係であり、さらに陰と陽であれば、もっと仲良しな関係となります。

たとえば、丙（火の陽）と己（土の陰）、丁（火の陰）と戊（土の陽）のような関係です。

・干合する関係（発展する関係）

五行の剋（やっつける）の関係にありながら、陰と陽の関係でそれぞれの配偶を得ることにより、もう一つの五行を生む関係があります。

つまり、相性が良いということです。

図をご覧ください。

十干は、ちょうど、対角線上の反対に位置しています。

たとえば、甲（きのえ・木の陽）と己（つちのと・土の陰）のような関係です。

対角線をそれぞれ結ぶと、5本の線ができます。

この5つの関係は「干合」（かんごう）と言い、ちょうど磁石でくっつくような強い繋がりを作ります。

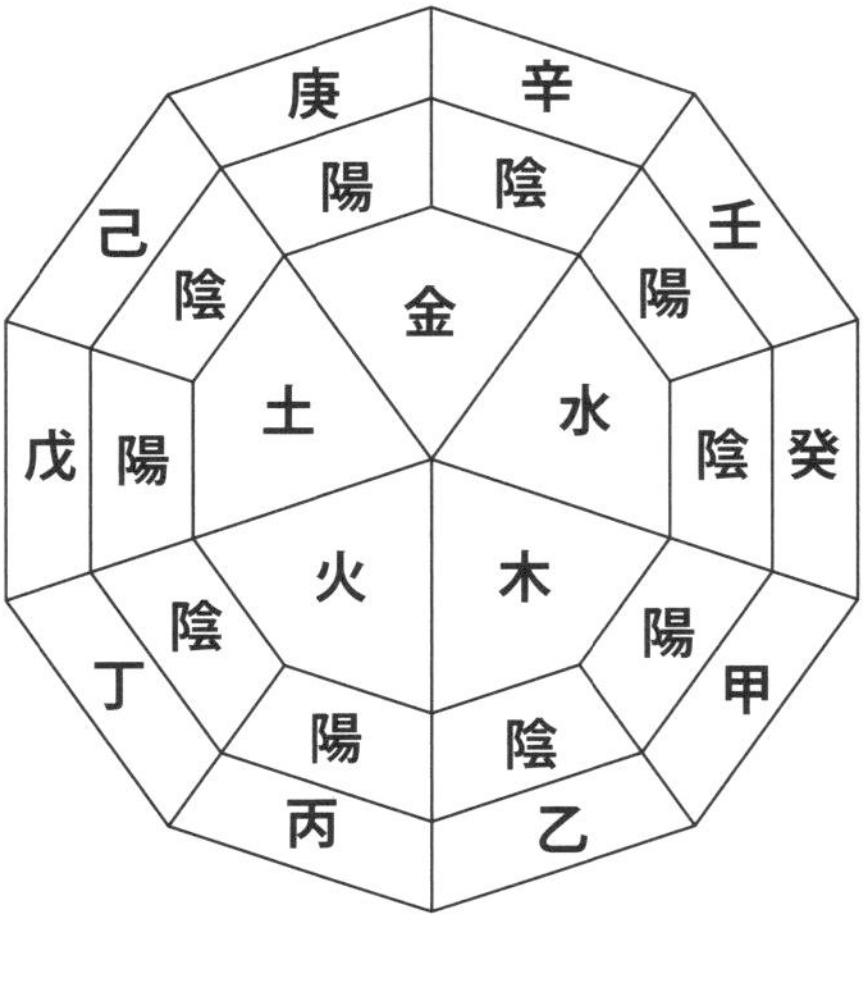

恋人や友人関係にある人同士で、日柱が干合していたら、非常に強い結びつきがあると考えられます。

日柱の干合とは、お互いの四柱の日の十干同士ということです。

特に日柱の干合は、新たな五行を生むので、共に事業をすると発展します。

以下の5つの関係があります。新たな五行を生みます。

1. 甲（きのえ）木の陽　と　己（つちのと）土の陰　↓　土
2. 乙（きのと）木の陰　と　庚（かのえ）金の陽　↓　金
3. 丙（ひのえ）火の陽　と　辛（かのと）金の陰　↓　水
4. 丁（ひのと）火の陰　と　壬（みずのえ）水の陽　↓　木
5. 戊（つちのえ）土の陽　と　癸（みずのと）水の陰　↓　火

なぜ合うのでしょうか？

ちょっと考えてみましょう。

1. 甲（きのえ）の人は、常に伸びようとする優等生タイプです。己（つちのと）の人は、温和で面倒見の良い現実派です。共に協力し合うと伸びそうな感じがしますよね。

2. 乙（きのと）の人は、優しさとしぶとさがありグループをまとめるのが上手です。庚（かのえ）の人は、意思が明確で行動力がある自信家です。二人が組めば、どこまでも発展しそうな雰囲気です。

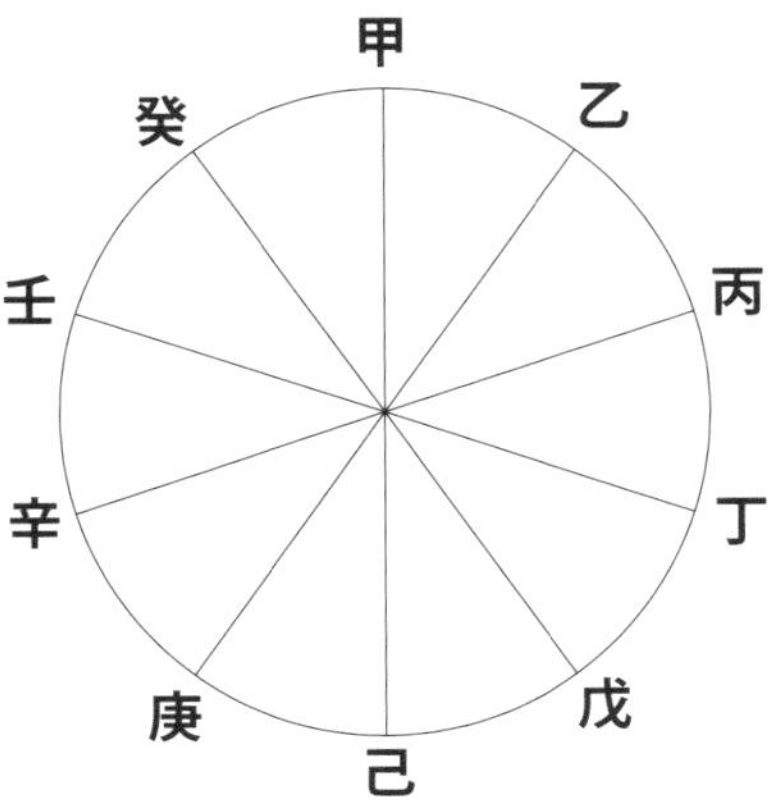

3. 丙（ひのえ）の人は、派手で華やかで積極的です。辛（かのと）の人は、デリケートな一匹狼で、枠にとらわれるのが嫌いです。この二人なら、壮大な夢が実現できそうです。

4. 丁（ひのと）の人は、思いやりに溢れ、細かいことに気づきます。壬（みずのえ）

の人は、勇気があり頭脳的な才能があります。この組み合わせなら、大事業でもやりこなせそうです。

5．戊（つちのえ）の人は、マイペースで世話好き。癸（みずのと）の人は、誠実で大人しく実務能力があり。二人が組めば、ツーカーと事が運びそうです。

これらの干合の組み合わせは、相剋でありながら、陰陽で引かれる磁石のような関係となります。

力学の面でも興味深いことがあります。このような事実があります。

「円周上のポイントで5と7が、最も優れたバランス関係を持っている。だから、工業製品のカバーの固定（石油掘削機から、タイヤのホイール、時計にいたるまで）は、5つのスポークをもっている。奇数だと相方がいないのでより強固な結びつきとなる。対角線上の場合は、双方をずらしながら星形に固定するのが最も強固な固定となる」

地球上の理論が、そのまま人の性格や体調にまで及んでいるばかりか、力学のバランスにも大きく関わっているのです。

干合以外にも、強い結びつきを作る関係（支合、三局）があるので、記しておきます。

こちらは、十二支から作る相性の見方です。
十二支については、この後に詳しくご説明します。

・精神的に支え合う関係「支合」（しごう）

十二支についても、陰と陽とで一つの五行となる組み合わせがあります。
太陽の光がまっすぐに伸びる方向と言われています。

次の五組です。新たな五行を生みます。
寅亥→木
卯戌→火

子丑→土
辰酉→金
巳申→水

支合は精神的な結びつきが強いと言われています。

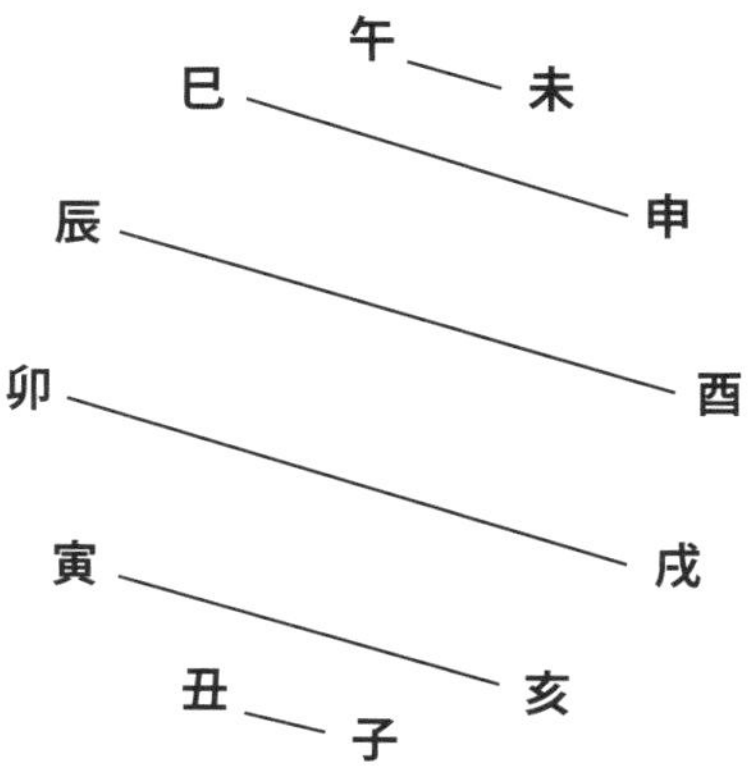

支合の図

・3つで1つの五行を生む「三局」（さんきょく）

十二支の中で安定の良い結びつきを見せる、3つで1つの五行を生む組み合わせを言います。

亥卯未→木
寅午戌→火
無し　→土

巳酉丑↓金
申子辰↓水
運気は安定し、発展していきます。

この3つの組み合わせのうちの2つの結びつきを半局（はんきょく）と呼び、残りの一つの十二支が出た年に運気は安定します。

これら干合、支合、三局を持ち合う人同士は、新たな五行を生み出すことから相性が良いのです。

半合は残りの十二支が出る年に結びつきが強くなることから、相性が良いとされています。

干合、支合、三局は、自分自身の命式で作っている場合には、人付き合いが良く社交性があると見ます。

▽申子辰三合水局
▷巳酉丑三合金局
△寅午戌三合火局
◁亥卯未三合木局

相性をみる場合には、相手と自分とでいくつ干合、支合、三局を作っているかを見ます。

先にも述べましたが、日にちの柱同士の干合と支合の結びつきが最も強いのです。

良い相性を知り、円滑な人付き合いをしていただきたいと願います。

(2) 太陽の波動について

太陽の波動は、地球に届く太陽の角度や日照時間で表します。

一太陽年（一年）を24等分して、それぞれの季節を示す言葉をつけました。

地球は太陽に対して23・4度傾いているために、地球に届く太陽の角度が異なることに注目して四季を6等分ずつして、24の名称をつくりました。

これを「二十四節気」と言います（さらに詳しい分け方に、七十四節気というものもあります）。

二十四節気について、皆さんが良く知っているものに、春分、立夏、夏至、立秋、秋分、立冬、冬至、立春などがあります。

これらは、太陽の日照時間により中国の春秋戦国時代に考え出された暦ですが、日本でも普通に使われています。

地軸の傾き

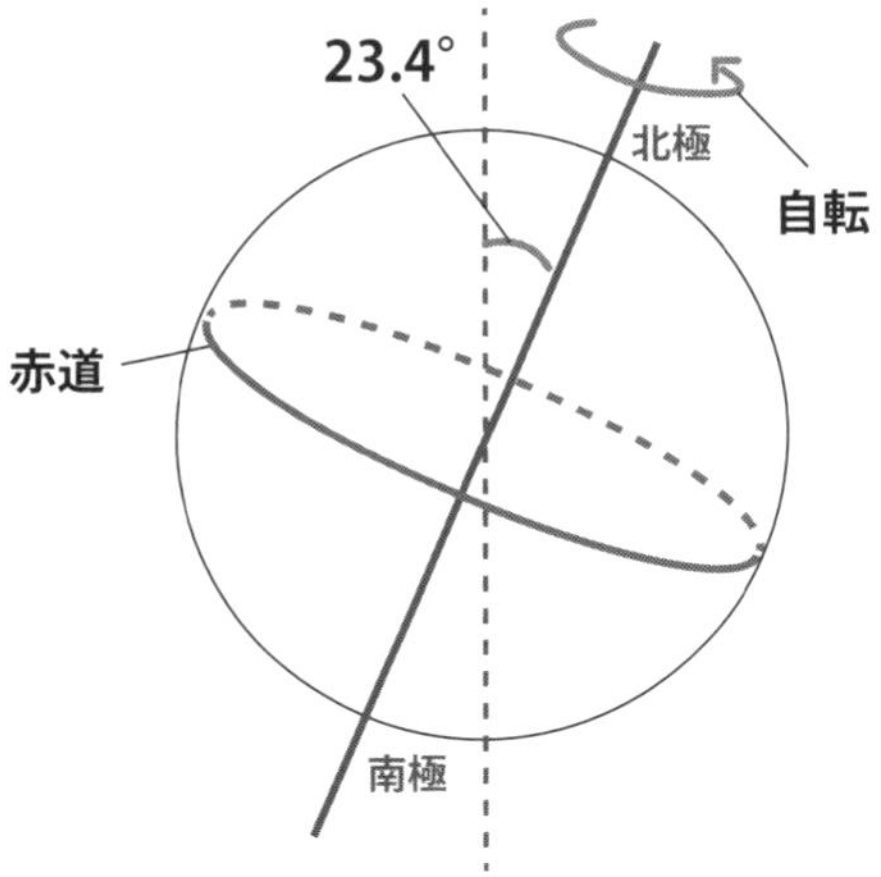

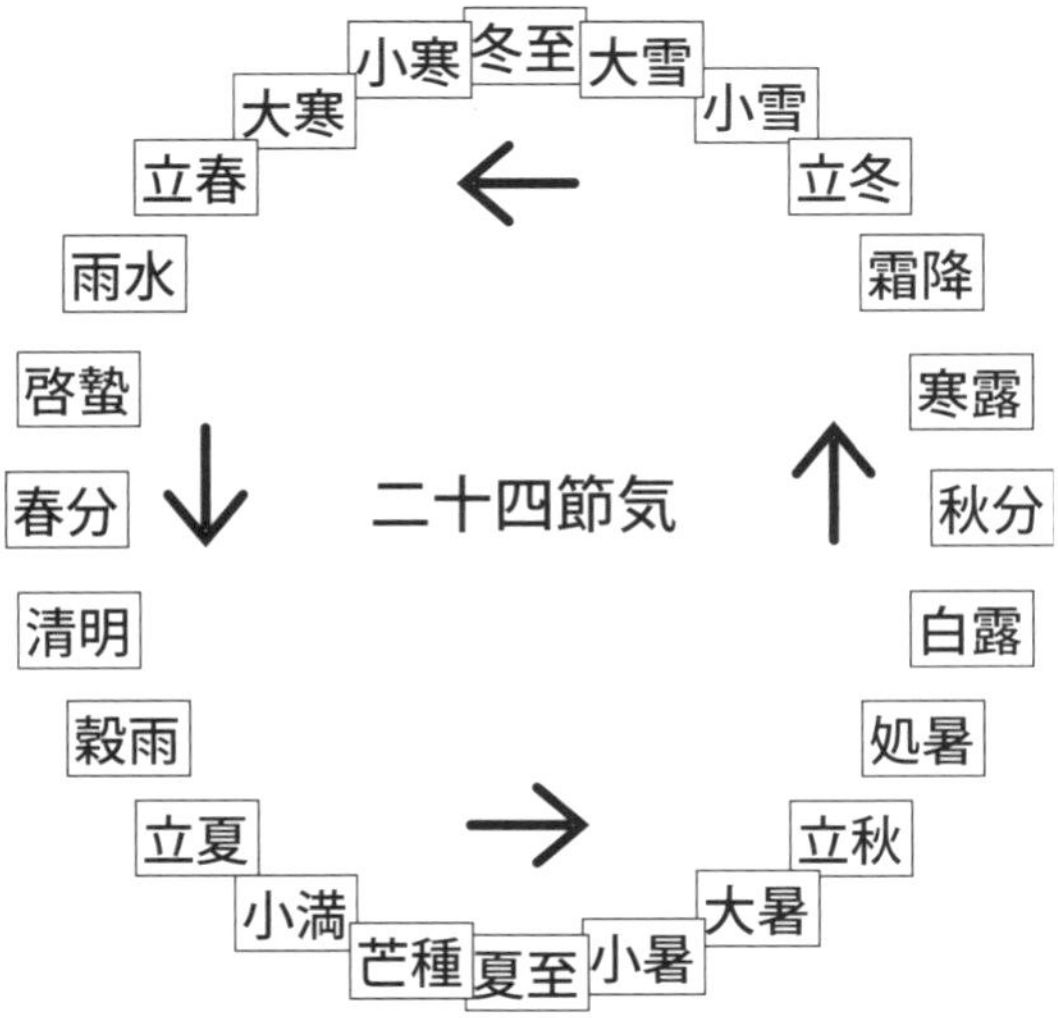

▼十二支について

一年を24に分ける考え方（二十四節気）を、西洋の暦に合わせて2個ずつまとめ12にしたものが、「十二支」です。

逆に言えば、ひと月は2つの二十四節気で成り立っているわけです。

十二支とは、皆さんがよく知っている「子（ね）、丑（うし）、寅（とら）、卯（う）、辰（たつ）、巳（み）、午（うま）、未（ひつじ）、申（さる）、酉（とり）、戌（いぬ）、亥（い）」というものです。

この十二支を1月から12月までに当てはめてもいます。月の十二支です。

12月から順に、子（12月）、丑（1月）、寅（2月）、卯（3月）、辰（4月）、巳（5月）、午（6月）、未（7月）、申（8月）、酉（9月）、戌（10月）、亥（11月）。

時刻にも十二支があります。

夜中の12時（0時）から始まって、子（0時）、丑（2時）、寅（4時）、卯（6時）、辰（8時）、巳（10時）、午（12時）、未（14時）、申（16時）、酉（18時）、戌（20時）、亥（22時）となります。

年、月、日、時すべて十二支で表すことができます。

なぜ、月の十二支は、1月から始まっていないのかが気になったでしょうか？

下の図の時刻をみてください。

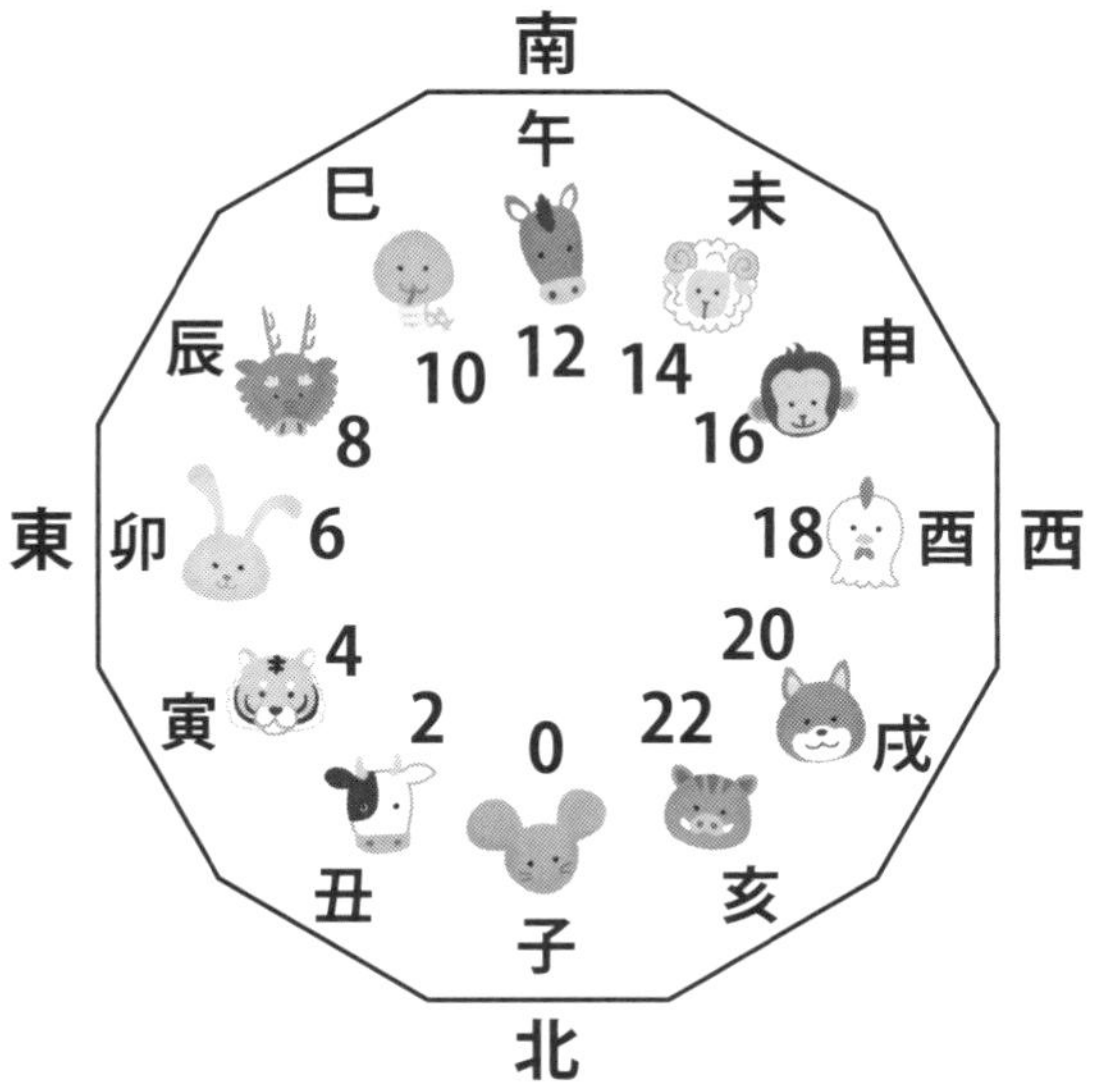

子の刻は12時（0時）から始まっていますよね。

それと同じように、子月は12月から始まるわけです。

12月＝0時＝子となります。

丑の刻は、真夜中の2時です。


落語の怪談話で聞かれる「草木も眠る丑三つ時」とは、真夜中の2時過ぎのことを言います。もっとも陰極まった時間帯。何か怖いものが出そうな時間帯です。

余談ですが、丑についてもう少しお話しします。


7月の「土用の丑の日」は、皆さんよく知っていますね。

うなぎの日というだけではないんですよ。

7月は土用と言って季節の変わり目を示します。土用とは、土（つち）の陰（いん）を示しています。季節の変わり目ですから、体調を崩しやすい月なのです。

丑の日は、土の陰の日です。つまり、月日が共に土の陰の日。陰がダブルで出ているので、非常に体調を崩しやすい日となります。

夏の終わりの月であり、一年の内で最も体調を崩しやすい日と考えられるのです。

そのため、丑の日にうなぎを食べて精をつけようと、江戸時代に平賀源内という医者でもあり、今でいう有識者が言い始めたそうです。

現代的に考えると、7月は夏の始まりと思うかもしれませんが、暦の上（太陽パワー）では夏の終わりです。8月7日頃（年により日にちは前後します）には立秋がやってくるので、暦の上では、8月はもう秋となります。

このように、十二支は、年、月、日、時間、すべてに対応しています。

十二支は、宇宙のパワーである太陽の波動を表したものとして、四柱（年月日時）に使われているのです。

▼十二支の意味について

十二支は、干支（えと）と呼ばれて私たちにはなじみが深いものです。

毎年、干支は変わります。

「私は、いのしし年生まれだから猪突猛進なの」などと言いますが、本来、十二支には、そのような動物の意味はありません。


十二支は、草木の成長、また、人間の一生を表しています。

太陽の射し方により、気温が変化して季節が生じ、草花も変化していきます。

その太陽による変化を12に分けて表しているのが、十二支です。


二十四節気を基に作られているというのは、そのためです。

子＝12月＝種が土の中で眠っている

丑＝1月＝種が土の中で芽吹く
寅＝2月＝土から少しずつ芽を出す
卯＝3月＝芽が伸び、花芽がつく始める
辰＝4月＝葉がさらに出て、花が咲く
巳＝5月＝葉はさらに茂り新緑がまぶしい
午＝6月＝すべては旺盛で葉は青々と茂る
未＝7月＝花が枯れて実になり始める
申＝8月＝実がなる
酉＝9月＝実は熟して落ちる
戌＝10月＝葉が紅葉し始める
亥＝11月＝葉は落ちて、実は朽ちて落ち葉がそれを隠し土の中に眠る

一年の草木の成長と十二支の意味は呼応しています。

▼十二運について

十二支と同じ意味のものに、十二運があります。

十二運は、命式を出して読み解く上で星の強弱を表しますが、それは、四柱を読み解く」（84ページ）でご説明します。

十二運も、草木や人の一生を表している一つの波の流れです。

胎（やどる）から絶（消える。無になる）までを12に分けて表しています。

胎、養、長生、沐浴、冠帯、建禄、帝旺、衰、病、死、墓、絶の12となります。


胎（母親の胎内に宿る）↓ 養（育ててもらう）↓ 長生（育っていく、自分の力で伸びていく）↓ 沐浴（親離れをしていく。反抗期。元服）↓ 冠帯（一人前と認められる。独り立ちをする）↓ 建禄（自分の力で生きていく能力を身につけ、盛んである）↓ 帝旺（運気の上りがピークとなる）↓ 衰（体の衰えを感じる）↓ 病（病気になる）↓ 死（死亡する）↓ 墓（墓に入る）↓

絶（無になる）

十二運には、以上のような意味があります。

この十二運は、日柱についたものが、色濃くその人の人格を作ると言われています。

十二運と十二支は、同じように草木や人間の営み（一生）を表しています。

皆さんは、動物占いを知っていますか？

一時期、若い世代を中心にブームになり、今でも安定的に人気のある占いです。「私は、コアラ」「僕は、クロヒョウ」というように、生年月日を12種類の動物に当てはめて、その性格や傾向を読みとる占いです。

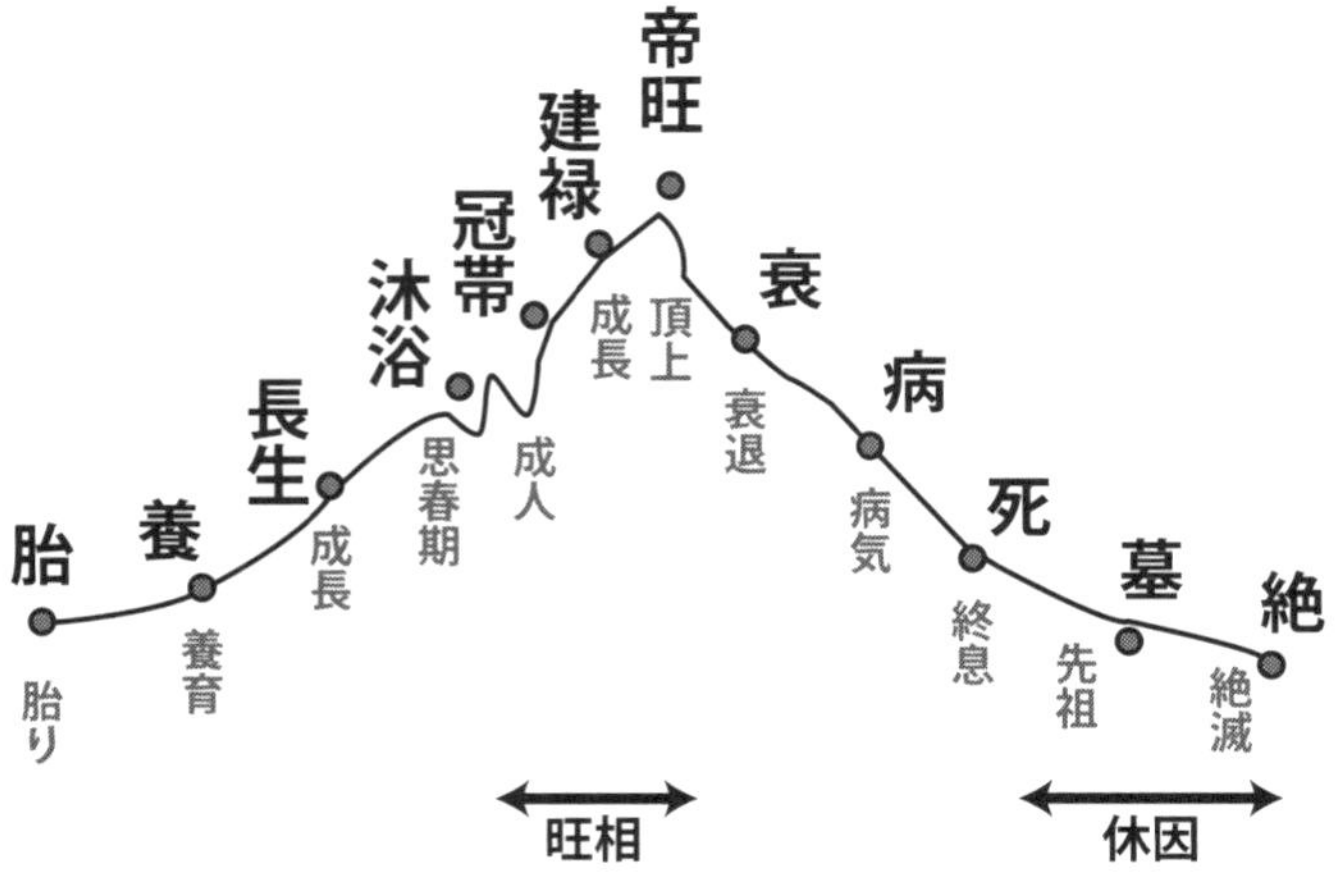

動物占いは、日柱の十二運を表したものです。

ちなみに、十二運と動物との対応は、胎(おおかみ)、養(こじか)、長生(さる)、沐浴(チーター)、冠帯（黒ヒョウ)、建禄（ライオン)、帝旺（トラ)、衰（たぬき)、病（コアラ)、墓（ひつじ)、絶（ペガサス）となっています。

日柱の十二運だけで、ここまでの大流行となったのは、可愛い動物を使って人の心を掴んだためで、素晴らしいことです。

日柱は、たしかに、その人の性格や傾向を色濃く宿します。

十二運だけでなく、すでにお話しした十干も、その人を色濃く表します。

これから、説明していく星もすべて日柱を基に出していくからです。

四柱推命では、何日に生まれたかがとても重要なのだということが、おわかりいただけると思います。

なぜ、十二支と十二運が呼応しているのかについて説明しましょう。

胎から始まり、絶で終わる十二運は、そのまま、十二支に当てはまります。

子（ねずみ）＝胎、丑（うし）＝養、寅（とら）＝長生、卯（う）＝沐浴、辰（たつ）＝冠帯、巳（み）＝建禄、午（うま）＝帝旺、未（ひつじ）＝衰、申（さる）＝病、酉（とり）＝死、戌（いぬ）＝墓、亥（いのしし）＝絶　となります。

81ページの図をご覧ください。

午（うま）は火の陽を示しますが、午の刻は12時を意味し、午月は6月、午の方位は南です。午は、すべてにおいて強い火を示していると納得いただけると思います。

午前は、午の刻の前。午後は、午の刻の後。正午は、正しい午で12時のことを言います。

また、子と亥は、ともに無の状態と考えて「水」と表します。

「水」は、四季のなかでは冬、11月と12月に当たります。

ですから、11月は冬であり、いのししの月となるわけです。

子は12月、丑（1月）、寅（2月）、卯（3月）、辰（4月）、巳（5月）、午（6月）、未（7月）、申（8月）、酉（9月）、戌（10月）、亥（11月）となります。

四柱のパワー（太陽の波動、地球の波動）には意味があります。
そして、そのすべては、大きな波を描いています。

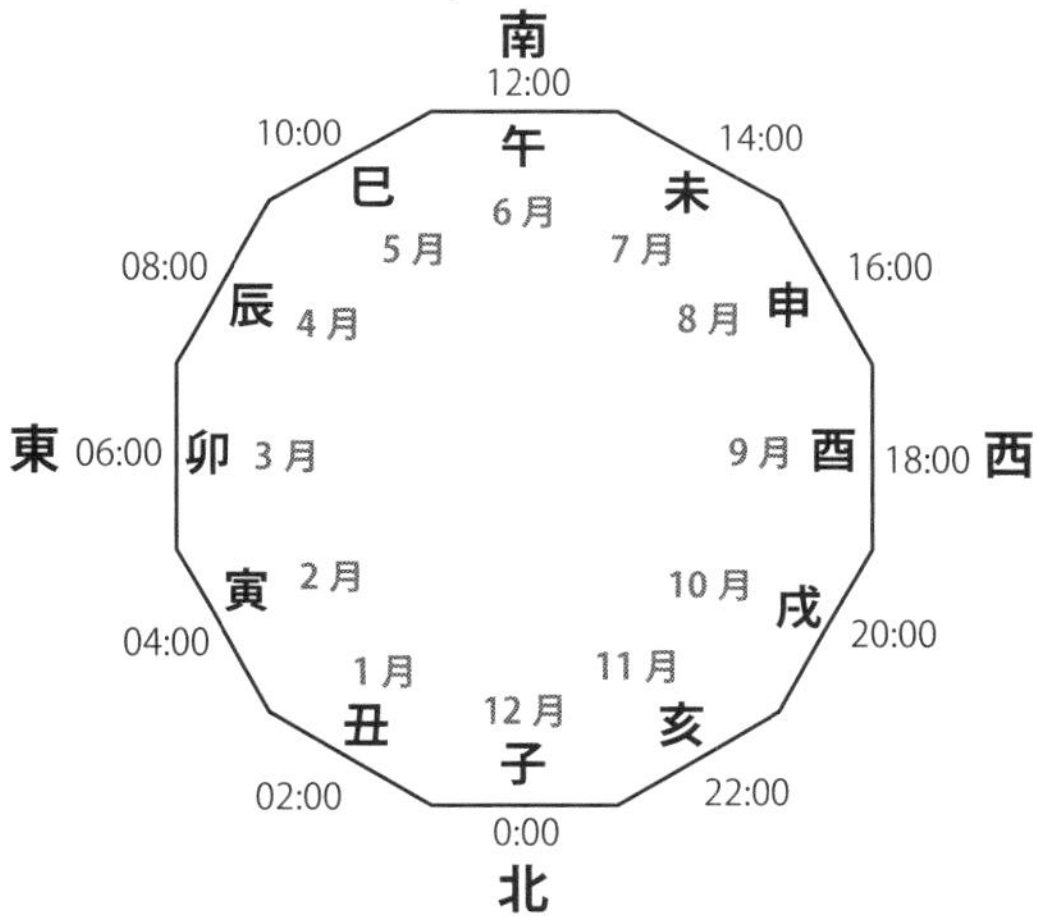

陰陽五行も、十二支も、十二運も、すべては波を作り動き続けています。

すべての人間は、この波によって作られた運気の中にいます。

四柱推命は、年月日時の4つの柱を立て、それぞれ地球の波動（陰陽五行）、太陽の波動（十二支）を見出して命式を作るということです。

四柱推命は教えてくれています。

朝もあれば、夜もある。冬もあれば、夏もある。

生まれて、成長して、死んでいく。

人生には、山もあるし谷もある。良い時もあれば、悪い時もある。
良い時も悪い時も、ずっと続くことはありません。

四柱推命を通じて、人を許すことや、人間の愛らしさを知っていただきたいです。
そのことを心に刻んで、納得して人生を上手に歩んでいただきたいです。
苦労を超えて頑張った人のほうが、何倍もの魅力があります。
困難なことも逃げずに受け止めて、乗り越える強さが人を磨きます。

ここまでが四柱推命の根本理論です。
次の章からは、星の話をします。
いよいよ、本格的な四柱推命の世界に入っていきます。

第②章 四柱を読み解く

(1) 四柱の読み方

第1章では、東洋思想として多くの分野に使われている陰陽五行論についてご説明しました。

また、四柱推命は、年月日時の4つの柱を立てて、それぞれ地球の波動（陰陽五行）、太陽の波動（十二支）を見出して命式を作るものだということをお伝えしました。

四柱推命は、各個人が持つ十干十二支（生まれた時の太陽と地球の波動）から各々の星（変通星）を割り出して、細かく人生を推命していく運命学です。

四柱は、インターネットで「四柱推命　命式」と検索していただき、生年月日を入れて出すことができます（92ページで確認することもできます）。

次の項目では、命式（四柱表）について、ご説明します。

（2）命式について

まず、生まれた時の年月日時における波動を割り出して、それぞれの変通星を導き、四つの柱を立てて命式を作ります。左の表が命式です。

時	日	月	年	
丙 辰	癸 卯	丙 子	己 亥	→ 十干 → 十二支
	（天干） 60%			→ 変通星（天干）
	（強弱をみる）			→ 十二運
	（地支） 40%			→ 変通星（地支）
↓ 10%	↓ 30%	↓ 40%	↓ 20%	

四つの柱にそれぞれ十干と十二支が並んでいます。日柱の十干を中心にして、変通星を導き出して表を埋めます。

天干は、外面を表しています。天干星は60％ぐらいが外にいる時に現れています。その人の第一印象となります。

地支は、内面です。外では、約40％ぐらい見えています。家に帰ると、この割合が反転します。つまり、天干が40％、地支が60％現れるのです。

年柱は、先祖・祖父母・父母を示します。年代でいうと少年期（10～30歳）です。

月柱は、自分自身を示します。年代でいうと幼年期（0～10歳）と中年期（30～55歳）です。月柱は、出生時を表しており、その人の本質ができる時期ですから、中年期に現れるという意味に繋がります。「三つ子の魂百まで」とはよく言ったものです。

日柱は、配偶者を示します。時柱は、子ども、孫を示します。年代でいうと老年期（60歳ぐらいから）です。

私は、年柱と月柱を分けずに、少年期と中年期は合わせてみています。また、大運を重視して、その時期の波をみています。

それぞれの柱の変通星をみて、その人の全体像を掴むと、性格、体調、容姿などが見えてきます。

十二運は、その星の強さであり、社会性を表しています。

それぞれの変通星、十二運について、詳しくご説明します。

(3) 変通星について

ざっと四柱の見方がわかったら、いよいよ星（変通星）のお話です。

第一章でお話しした、人それぞれが個別に持つ十干・十二支から、星と言われる変通星を出していきます。生まれた時の年月日時の4つの柱の十干・十二支に呼応する星を、「変通星」と呼びます。星といっても、これは空に輝く星とは違うものです。エネルギー（波動）と考えてください。

四柱推命鑑定は、生まれた時の十干十二支を変通星に変えるところから始まります。

今は、これら四柱の星を簡単に導き出せるソフトやアプリがたくさん出回っていますから、活用なさって良いと思います。

クリック一つで命式がポンと出てくる時代となりました。四柱推命は難しい、面倒だと言われていた命式を作る手間が、今はなくなったわけです。ありがたい世の中になりました。

皆さんも、まずはご自分の四柱を出してみてくださいね。

変通星は、10種類あります。一つのグループに2つの変通星があり、一つの五行に陰と陽があるからです。以下の10種類です。

比肩・劫財（自我の星）
食神・傷官（感受性の星）
偏在・正財（財の星）
偏官・正官（行動の星）
偏印・印綬（考える星）

▼変通星の出し方

誕生日（日柱）の十干は、その人自身の根幹を示しています。その人の中心、つまり種となるものです。なぜかというと、星（変通星）は、その生まれた日の十干から割り出していくからです。

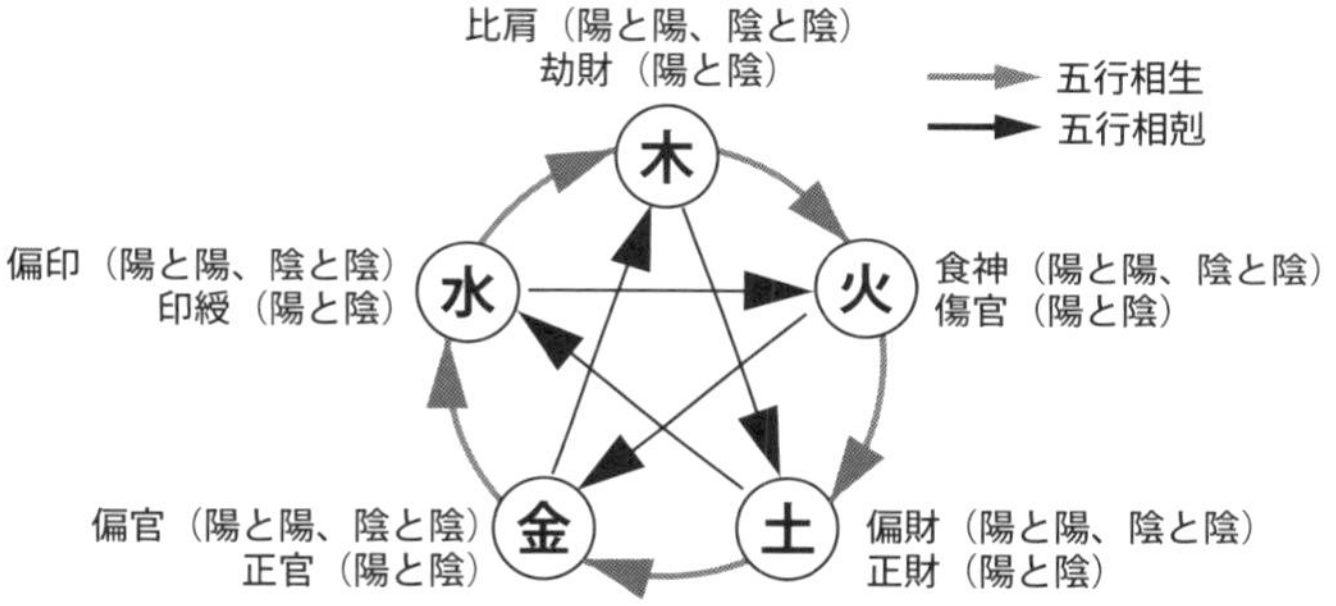

上の図は、日にちが「木」の生まれの人の変通星の図です。「木」が自我（自分自身）を表しています。

変通星は、比肩・劫財です。

自分の日にちの星から、自我（生まれる）比肩・劫財↓成長（思春期）傷官・食神↓（充実期）偏財・正財↓責任（中年期）偏官・正官↓衰える（老年期）偏印・印綬↓自我（再び生まれる）というように5つのパターンに2年ごとに移っていきます。

5つのパターンに2年ごととなるのは、五行には陰陽があるために2年ずつの変化となるからです。

五行は、時計回りに、木↓火↓土↓金↓水と変わっていきます。

その変化に沿って、5×2＝10個の星が出てきます。

「木」の日に生まれた人の命式が示す星です。

木は、自我ができ、新たに生まれる「変化の星」（比肩・劫財）→火は、思春期を示す、成長過程にある「精神性の星」（食神・傷官）→土は、青年期を示す、成人した大人になり、ゆとりが生まれる「財の星」（正財・偏財）→金は、中年期を示し、責任感が出る「行動の星」（正官・偏官）→水は、老年期を示し、衰えていく整理の時「勉強の星」（印綬・偏印）→木に戻る。振り出しに戻り、また新たな始まりが来ます。


このように、星が移り変わっていきます。

すべて2個ずつあるのは、陰と陽の2個があるからです。

この流れも陰陽五行から成り立ち、人生の盛衰を描いています。

常に移ろっていく10年は、大きな山を描き、始まり、成長、充実、衰退を繰り返していることに何ら変わりはありません。

誕生日（日柱）の十干が「土」の人なら、土が自我の星（比肩・劫財）となり、土→金→水→木→火、と続いていきます。

十二支も、同じ山を描き移ろっているのでしたね。

胎から始まり、成長して、盛んになり、衰退して、死に絶えて、消えて無になる。そしてまた始まる、を繰り返していました。

そこに、やはり同じように星が入っていきます。

すべての人は、変化する波動の中にいるのです。

多少わかりにくい部分もあるかと思いますが、ここでは、人生は常に波の中にあるということがわかっていただけたら十分です。

ご自分がどんな星を持っているのか知りたいですよね。インターネットで「四柱推命式」と検索して生年月日を入れれば、みることができます。ご自分の四柱を出してみてくださいね。

手作業での変通星の出し方も、次のページに記しておきます。

頭が痛くなりそうな羅列ですが、このようにして自分の誕生日の十干（日干）から星を選んでいきます。

変通星一覧表

日干から変通星を出します

日干→	甲	乙	丙	丁	戊	己	庚	辛	壬	癸
甲	比肩	印綬	偏印	正官	偏官	正財	偏財	傷官	食神	劫財
乙	劫財	比肩	印綬	偏印	正官	偏官	正財	偏財	傷官	食神
丙	食神	劫財	比肩	印綬	偏印	正官	偏官	正財	偏財	傷官
丁	傷官	食神	劫財	比肩	印綬	偏印	正官	偏官	正財	偏財
戊	偏財	傷官	食神	劫財	比肩	印綬	偏印	正官	偏官	正財
己	正財	偏財	傷官	食神	劫財	比肩	印綬	偏印	正官	偏官
庚	偏官	正財	偏財	傷官	食神	劫財	比肩	印綬	偏印	正官
辛	正官	偏官	正財	偏財	傷官	食神	劫財	比肩	印綬	偏印
壬	偏印	正官	偏官	正財	偏財	傷官	食神	劫財	比肩	印綬
癸	印綬	偏印	正官	偏官	正財	偏財	傷官	食神	劫財	比肩

同様に十二支からも、自分の種である日にちの柱の十干から変通星を出していきます。星は、十種類あります。

比肩、劫財（敗財）、傷官、食神、正財、偏財、正官、偏官、印綬、偏印です。

劫財・敗財に関しては、生まれ日が陽の人は敗財が出て、陰の人は劫財が出ます。劫財と敗財とで1セットと考えてください。

では、一つずつ星の特徴をみていきましょう。

▼変通星の性格

十種類の星、比肩、劫財（敗財）、傷官、食神、正財、偏財、正官、偏官、印綬、偏印のうち、一般的には、食神、正財、偏財、正官、印綬を吉星と呼んでいます。

星の性格を一つずつみていきます。

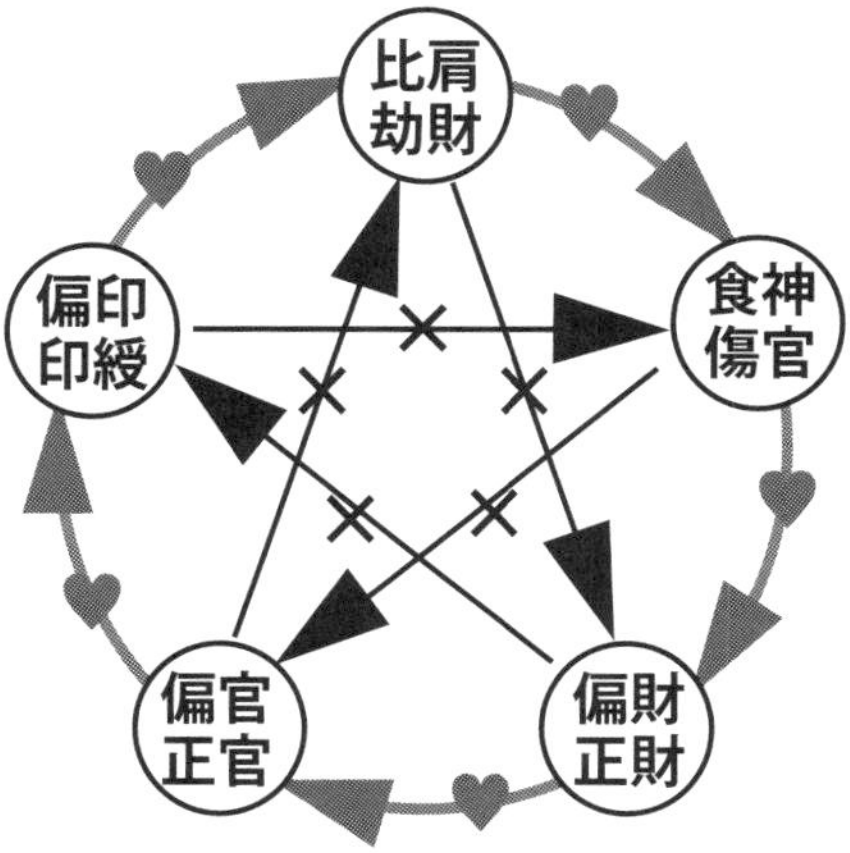

▼自星（比肩・劫財）

まずは自我の星、自分の中心部分を表しています。
生まれたばかりの状態という意味があります。

・比肩

自分自身の星です。

比肩星が多い（命式に3個以上ある）人は、さっぱりとした雰囲気があり、竹を割ったような性格です。

あっさりしており、親しみやすさはありません。良く言えばクール。悪く言えば、自己中心的。人間関係を築くのは下手です。一匹狼的な存在。やせ型で姿勢が良い人が多いです。

自我が強く人の話を聞きません。ただし、自分の中では正しいので、「あなたは人の話を聞かないね」などと言っても認めません。「お前だって聞かないじゃないか」「いや、あなたのほうがおしゃべりだ」などとやり返されるのが落ちです。

割り切りよく、せっかちですから、嫌だと思うとさっさと別れてしまいます。四柱に比肩星が多い人は、離婚や死別を経験している人が多いのも事実です。または、故郷を離れて生活している方も多いです。

そんな人だから、組織で働くのは苦手。自営業がいいですね。

自己中心な仕切り屋で、すぐ気が変わる。我を通す。非を認めない。そんな人がいたら、命式に比肩が3個以上あるでしょう。

四柱に星は全部で8個出ますので、3個以上比肩星が出ていれば、比肩の性格が強いと言えます。

アスリートにも多い星です。団体競技というより個人競技で、陸上競技、ゴルフ、テニス、スキー、テニス、登山、などです。

あっさりした性格で正直者でもありますから、わかって付き合えば案外いい人です。

・劫財（敗財）

劫財星は、生まれた日にちが陰の人、敗財星は陽の人に出ます。

比肩を表の顔と考えるならば、劫財（敗財）は裏の顔と言えるかもしれません。

劫財は、太っ腹なところがあり、豪快です。比肩のさっぱりした感じから、少し執着性が出てきます。我を通すために、押し込んでくるところがあります。大変な負けず嫌いで頑張り屋です。

比肩はつんと澄ました雰囲気があり近寄りがたいのですが、劫財はニコニコとフレンドリーな雰囲気があります。

ただし、フレンドリーなのは、興味があるか、何かを企んでいる時だけです。散々近づいておいて、嫌になるとぽいと離れる。自分の失敗も相手のせいにしてしまうところもあります。劫財と知って付き合っていないと、ショックを受けることもあります。

独断で即決型ですから、失敗も多いです。俗に強気の失敗と言われています。

人生に波が立ちやすいですが、大変な努力家でもあり、苦労負けしません。

群れることを嫌うので、人より上に立ってしまうと輝く人です。

図をみるとわかるように、財を剋しています。見栄のためだったり、自分の趣味などに気前よくお金を使ったりで、蓄財ができません。

大きな波での運気が下がっているときには、事業に失敗したり、盗難にあったり、破産したり、貸したお金が踏み倒されたりと、お金にまつわる良くないことが起こります。すべては、この見栄張りや、強引に事を進めるところから発しているのですが、気づくことはありません。

図太く風呂敷を広げるところもありますから、大仕事をやってのけることもあります。大金を稼いでも流してしまう。なんとも豪快な星です。

敗財は、人の良さはありますが、やはり自分勝手で孤独性があります。劫財よりも人懐こさや優しいイメージを醸し出しています。

さみしがり屋なのに家族縁が薄く、離婚する人が多いのも事実です。

おとなしそうなイメージですが、やはり負けず嫌いではあります。勝負師に多い並びです。

子どもをかわいがる人も多いです。子どもは自分と同じ対象とみるのでしょう。

自星（比肩、劫財、敗財）とは、わがまま放題で嫌な星のイメージですが、２個は欲しいものです。３個以上あると自星の嫌な面が出てきます。

この星が少ないと依存性が強くなり、人の目が気になったりイエスマンになったり、面倒な人になりがちです。

星は、まんべんなく揃うのが良いのです。

比肩、劫財（敗財）は、付いている十二運でもさらに働きが違ってきます。

冠帯、建禄、帝旺などが付いていると、身勝手になり、俺様気質がさらに強くなります。地球は自分のために回っていると、本気で思っています。

また、胎、養、長生などがつくと、純粋さが出て、良い働きをします。自我を良い感じにコントロールして、世に出ている人も多く見られます。また、その強さから日本に収まり切れずに海外に出て活躍している人も多いです。

比肩、劫財は分離を意味しますから、国を離れるといった意味合いが出るのです。苦労負けしないので、海外で一旗揚げているような頼もしい邦人もいます。

ですから、一概に嫌われるばかりの星でもないということになりますね。

もちろん、「木」の五行の比肩の人は、「木」の要素の自我が強くなります。五行の要素と星の働きが重なって、その人、個人の性格を作ります。

▼精神性の星（傷官、食神）

自我の星の次に来るのは、精神性の星です。

人間の一生でたとえると、この世に誕生した次に思春期を迎えるといった感じです。思春期は、何かと悩みも多く、傷ついたり、考えたり、反抗したり、恋をしたりします。

自我の星の2年間の次にやってくる思春期の星の2年間は、やはり、そんな働きをします。

太過（3個以上ある）するとおしゃべりになります。秘密が守れなくて噂好きと言われないように気をつけましょう。

どんな働きをするかみてみましょう。

・傷官星

その字の通り傷つきやすいナイーブな働きをします。人を傷つけ自分も傷つくといったなんとも乙女のような星です。

鋭い感性を持っているので、芸術家タイプです。絵、写真、音楽、詩など、この星を持つ人の作品はシャープです。芸術家として、大成している人も多いです。

物憂げに詩を書いたり、音楽を口ずさんだり、色白やせ型が多く、モテルタイプと言えるでしょう。

美男美女が多いのも特徴です。女優さんに傷官星の人は多いです。「傷官美人」という言葉もあるくらいです。

ただ、感受性の強さから言葉もきつくなりがちです。勘も良いので詮索が過ぎたりして、嫉妬深くもなります。傷官星の女性の美しさに目がくらんで結婚してみたら、言葉がきつくてヒステリーで困ったなんてこともありえる星です。

美しいバラには棘があるということでしょうか。といっても、別に女優さんがヒステリーだと言っているのではありません。

性格は、星の全体のバランスで表します。

頭の良い人が多く、勘が鋭いのが特徴です。ＩＴ関連の仕事も向いています。手先が器用な人も多いので、外科医にも向いています。

その字のごとく傷つく星ですから、事故や怪我には注意が必要です。もともとこの星を持っていて、その年に傷官星が出た時は特に注意することです。手術するようなことになる可能性も出てきます。


この星が多くなると、神経質になり、好き嫌いも激しくなります。

なんとも厄介な感じですが、頭の良いお洒落な人を作りますから、四柱に一つは欲しい星でもあります。

傷官星の強い人は、この星の良いところ（芸術性、勘の良さ、手先が器用）を活かしていただきたいです。

五行のどこに傷官星が出ているかにより、働きも変わります。

傷官星が、「金」の部分にあると、刃物という意味が加わり、カッと来ると狂暴になるといった可能性も出てきます。「水」の部分にあると、感傷的になりすぐに泣くようになります。アルコールが入ると泣き上戸という人もいます。

もちろん、四柱の星のバランス大切なので、金の傷官だから「即、刃物沙汰！　危ない！」ということは全くありません。

・**食神星**

読んで字のごとく食べる神様の星です。なんとも福々しい感じがしますよね。

同じ精神性の星とはいえ、前記の傷官星よりも大らかな働きをします。

どちらが裏で、どちらが表と言えるでしょうか。強いて言えば、食神が裏で、傷官が表です。

おっとり、のんびりとして明るさがあります。社交性もあり、人気者になります。優しいので、人から可愛がられます。

食べることも好きで、料理に興味がある人が多いです。料理人は、この星を持っている人が多いです。

ただし、盛り付けは、細かな仕事をするというよりも、大らかさを好むでしょう。

繊細な盛り付けがうまいのは、傷官星のほうです。

傷官星がやせ型が多いのに比べて、食神星は色白でふっくらとしています。

衣食住の安定といった意味もあり、吉星です。

子どもを表す意味もあるため、子ども好きであることも。年回りにこの食神星が出ると、子宝に恵まれたりします。妊活をしている女性は、食神星が出る年に重点を置くことをお勧めします。

ペットという意味もあります。

春風を表す星で、この年回りに恋人が現れる人は非常に多いです。特に、財の星が一緒についている男性は、とてもモテます。財の星は、男性にとって女性を表すからです。もともと食神星と財星を四柱に持っている男性は、生涯のモテ男になってしまいます。羨ましいですね。次に生まれるなら、食神と財を持って生まれたいと思うかもしれません。

でも、朗報があります。モテない男性でも、食神星＋財の星周りには、恋人が現れやすくなります。

優しくてお金がある。気持ちが大らかになる。食べるのが好きでお洒落。そうなると、自然と恋人が現れます。ですから、婚活したい人は、食神星が出ている時期に頑張ってみるといいですね。また、自分に合った良い人が現れるのも、この食神＋財の時期です。

ただ、この時期は、食神星に後押しされて恋をしている場合もあります。食神星が消えてしまうと正気に戻り、恋が終わってしまうこともあります。

もちろん、相性的な繋がりが多いと、二人の仲は続いていきます。

恋愛は一方通行ではありませんから、相手の星をみる必要がありますが。

食神が多くなると、カラカラとした感じでおしゃべりになります。女性の場合、ずっと子どもやペットの話をし続けているなんてこともあります。

精神性の星の2年間が終わると、次は、余裕が生まれてきます。

人生でみると、10代の思春期を過ぎて、20代後半~30代の成人期に入ったところです。

十干で表す10年の中でも、充実期に入ります。

▼活躍期の星（財星）

次に訪れる活躍期の星（財星）のお話をしましょう。人生にたとえれば、30代～40代です。財の星も2年間続きます。

財の意味は、ズバリ！「お金」といった意味がありますし、その他の宝である、命、健康、友人関係といった意味もあります。

心の余裕から優しさが生まれますし、お洒落心という意味もあります。

財星の出る2年間は、誰しも楽しい時期、活躍期となります。

もちろん、その人のもともとの星との関係や大きな人生の波を表す大運との兼ね合いで働きは変化しますが、おおむね楽しい2年間と言えるでしょう。

比肩は財を剋する位置にあります。人は財を奪うという意味もあります。人間は財が大好きということを示しているのです。「財は身を亡ぼす」という言葉があるように、財は使いようによっては、我が身を滅ぼします。

さて財星は、どんな働きをするのかみてみましょう。
偏財星は、動きのあるお金を意味します。自由業、金額に変動があります。
正財星は、固定の資産を表しています。サラリーマン的な固定給を意味します。

・偏財星

経済的な関心が高く、事業意欲も旺盛です。自己の資産を回転させて増やすことに興味があります。早い話、儲け話が好きで、株とか競馬とかいろんなものに手を出しています。

お洒落な人が多くて、明るくて話し好き、社交性が高いです。派手好みといえます。ちまちまとお金をつくるよりも、好きなものならドーンとお金を使ってしまいます。愛情深く、情熱的です。男性は、女性にもてますし、本人も女性が大好き。お金があり、金払いが良くて、お洒落で社交的で優しければ、文句なくモテますよね。

男性にとって、偏財星は、複数の女性を意味します。偏財星を多く持っている男性は、職場にも女性が多い方が多いです。お子さんは皆、女の子。お孫さんまですべて女の子。

おまけに飼っている犬までメス、なんていう男性もいらっしゃいます。

女性にとっても、良い働きをします。お洒落で優しく可愛い人が多いです。

男女限らず人気者となります。楽しいことが大好きで、誘われれば出かけていきます。


星にも、相生と相剋の関係があります。

財星に剋する星（比肩、劫財）が付いていると、金払いの良い人となります。また、お金が流れやすくなり、入ってきてもなんだかんだと出ていきます。貯めることが下手で、入ってくるとドンと使ってしまう人もいます。


財の星に、十二運の強い星（長生、冠帯、建禄、帝王）がついていると、大金がどーんと入ってきます。世界的に長者となる人には、偏財星　＋　冠帯・建禄・帝王　を持っている人がとても多いです。さらに、そこに財を生む星（傷官）が並んでいて、さらに、財を流す星がなければ、どんどんお金は入ってきます。

お金の溜まる人の四柱については、208ページで説明しています。

・正財星

正しい財の名の通り、固定の資産、サラリーマン的な固定の給料を意味します。楚々とした雰囲気を持っています。誠実に人に接します。男性は貴公子的、女性は品の良い美人です。

女優さんにも、この星を持っている人は多いです。前回にお話しした、傷官星と正財星を並びで持っている女性は、楚々とした美人です。

傷官・正財を持つ女性は、色白で細面、楚々とした品の良さがある美人です。偏財星のような豪快さはありませんが、真面目で優しい人です。

女性は、結婚運が良いです。配偶者には尽くし、お金もしっかりと貯めて、子どもや親の面倒もよく見ます。

偏財星のような面白味はありませんが、その分、安定しています。

無駄遣いをせず、衝動買いなどはしないので、自然とお金がたまっていきます。

男性も、迫力には欠けますが、優しく清楚な感じでモテます。家事手伝いなど進んでやってくれるイクメンも多いことでしょう。

正財に、弱い十二運（死、墓、絶）などが付いていると、貯めるのが大好きでケチになってしまいます。家庭の主婦向きといわれています。

偏財も正財もおしゃべり好きです。傷官・食神のおしゃべりとは違い、周りを楽しませるサービス精神が旺盛な感じです。

財ばかりが多いと、お話し好きでお洒落に興味があり、勉強には身が入らなくなります。受験生の時期に財星が出ないほうが良い、と言われる由縁です。

財の時期は、結婚相手が見つかる時期でもあります。2年間も続きますから、きっと良いご縁があるはずです。

さらに、この財星に恋愛星（食神）が並ぶと、まず恋人ができます。

一生に一度は、この星巡りは来ますから、誰にでもモテ期はあるんです。

もともとこの食神・財を持つ男性はモテます。天性のモテ男なんですね。

活躍期の2年間が終わると、いよいよ充実期です。人生で考えると40代後半から、50代です。責任、行動といった意味合いの星が2年間出てきます。「官星」と言います。

▼充実の星（官星）

その次の2年間に現れるのは、充実期の星（官星）です。

偏官星＝　活動的、威厳、移動、変化

正官星＝　真面目、威厳、権力、名誉

といった意味の違いはありますが、どちらも社会に関わり、忙しく動き、地位や名誉を得ようとする星です。

「官」には冠という意味があり、いつも頭に冠をかぶっている状態になります。プライドが高いイメージです。

官の星は比肩を剋する位置にあります。これは、あまりに行動しすぎると身を亡ぼす、ということを暗示しています。

とはいえ、昔の中国では、官僚には官星のある人しか採用しなかったというほど、信頼のおける星です。

官星がなくては信頼できない、ということではありません。官星のある人は、「私のせいだ」「私が悪い」と、事が起こった時には責任を取ってくれる人なのです。官のない人は、「あなたが言ったからしただけ。私は知らない」と言って逃げてしまったりすることもあります。また、官星のない人は、ドタキャンも多いです。その人には、その人なりのきちんとした理由があるので、ドタキャンとは思っていません。

人は、必ず自分が中心です。だから、「約束は守らないといけませんよ」と言っても、「そんなことを言うなんてひどい！　私には、もっと大変なやらねばならないことがあるんです！」と反対に叱られてしまいます。

しかし、あまりに官星による正義感が強すぎると、世間を相手に喧嘩をしてしまったり、人間関係でもめて辞めてしまったりといった問題が出てきます。

強すぎるというのは、３個以上ある場合を言います。

こういった人は、ドタキャンの多い人に対して、「計画性がないから、ドタキャンばかりするのです。あなたのような人は信用がおけません」というような厳しいことも言ってしまいます。

星の並びや働きは微妙で難しいものです。バランスが大切なのです。

とはいえ、官の星は、一つは欲しい星です。

・偏官星

正義感が強く曲がったことが嫌いです。義理人情に厚く、好きな人に対しては一肌も二肌も脱いでしまいます。

行動力があり好奇心が旺盛ですが、ややガサツな面があり、激情型だったりします。そうなるとおのずと、人間関係でトラブルを起こしやすくなります。

たとえば、グループで何か間違ったことがあるとすると、指摘せずにはいられません。

ここ一番、「自分が言わずして誰が言う」的な正義感から、上司だろうと構わずに意見をします。

ですから、相性によっては、とても可愛がられたりもしますが、度が過ぎると煙たがられて左遷されたり、自分から椅子を蹴って出て行ってしまったりするのです。

案外、気が小さいところがあり、すぐ顔に出てばれてしまうなんてこともあり、どこか憎めません。　目下の面倒見が良く、兄貴分（姉貴分）として慕われると本人は満足します。

大きなことを好み、はったり屋で大風呂敷を広げるところがあります。自分の手柄は、私の努力。うまくいかないのは、人のせい。そのような立ち回りをすることもありますが、本人は本気でそう思っているのです。

顔立ちは、はっきりとしています。

動き回る仕事、営業職などが向いています。

偏官の柔らかなイメージから、やや堅く、真面目な雰囲気となります。

プライドが高く、スマートを好みます。名誉欲が強く、勤勉です。

組織や枠の中で、生きていくことを好みます。

プライドを傷つけられると、カッとなり、プイっとそっぽを向いてしまいます。

偏官のほうがわかりやすく怒りますが、正官はプライドのなせる業か、何気ない顔をしてさっと離れて行ってしまいます。

あまり顔には出しません。ですから、偏官は顔に出やすくウソがばれてしまうことも多いですが、正官のほうはしれっとしているので、ばれにくいとも言われています。

ただ、誤解しないでいただきたいのですが、官星のある人は責任感と正義感が強いので、ずるいことは大嫌いです。ですから、嘘もつきません。

正官星の人は、品の良い顔出ちで、美男美女が多いものです。

清潔なムードで、すました感じがします。

どちらの官星にも、強い十二運（長生、冠帯、建禄、帝旺）がついていると、非常に出世をします。流年で現れるとその年に役職に就いたり、責任ある職を与えられたりします。

官星は、男性にとっては、子どもを意味します。女性にとっては、男性を意味します。

特に偏官星を持つ女性は、複数の男性といった意味もあり、いつまでもモテます。

財星は、男性にとって女性を意味すると書きましたが、官星は、女性にとって男性を意味します。

自分なりの意見をしっかりと持ち、社会にでて仕事をバリバリとしている女性は魅力的です。

また、官のある女性はボーイッシュな雰囲気でクールです。時事問題などを語っているほうが好きなタイプです。

女性にとっては、男性を意味しますから、官星＋食神星（恋の星）並びで、男性との恋愛となります。

四柱の中にこの、官星＋食神星の並びがもともとある女性は、男性にもてます。

その女性も「男性と話していたほうが気楽」という感じです。

流年にその星並びが女性に出た場合には、まず、恋人が現れます。

ここで、気を付けなければいけないことは、この時期は恋モードに入ってしまうので、ダメンズまでも本気で好きになってしまうことがあるのです。入れあげてしまい大失敗なんてこともあったりするのです。


また、年運で出ていた場合には、官星、食神星が消えてしまったとたんに男性が離れて行ってしまうなんてことも。

ですから、不倫相手にぞっこん入れあげて、ご主人にばれて大騒ぎになり、挙句の果てにご主人と別れたら相手の男性に逃げられた、なんて悲劇にならないように気を付けなければなりません。

これは、星のなせる悪戯なんです。

もしあなたが既婚者ならば、そんな時期には、人生のほんの一部分にいい夢を見せてくれたと、感謝できるような恋愛をしていただきたいものです。

女性の皆様、不倫を勧めているのではありませんよ。

星というのは、そういう夢を見せてくれもするのです。

では、四柱にもともと偏官＋食神を持っている女性は、いつも夢をみているのか？

良い質問です。はい、その通りかもしれません。

また、四柱に正官、偏官を2つ以上持っている人は、はっきり言ってモテます。

私も正官を2つ持っていますが、モテたかというと……例外もあるようですね（笑）。

官星が2個以上ある並びを、別名「官から官」と呼んでいます。単純志向で融通が利きません。深く考えずに動くので、「カンからカン」と言われてしまうのです。私も「カンからカン」です。早とちりで失敗ばかりしています。

プライドが高く嫌になるとプイっと離れてしまうので、離婚率も高いです。

ただ、そこに考える星（偏印、印綬）がつくと、官の暴走がぐっと落ち着きます。

さて、次は、考える星である印星をみていきましょう。

人生でいうと仕上げの時期、60代後半から70代と考えられます。

▼仕上げ期の星（偏印、印綬）

偏印星＝学問、芸能、芸術、研究、孤独、病気、旅行、変化、宗教
印綬星＝学問、知識、礼節、信望、事の始末、受賞、宗教

右記のような意味の違いはありますが、どちらも考える力があり、学ぶことをよしとします。

当たりは、おとなしく机の前でコツコツやっている雰囲気です。

どちらも穏やかで優しい雰囲気を醸し出す星です。

ともすると理屈っぽくなります。印星を多く持っている人は、理屈屋で、討論好きです。自分なりの理論を持ち、よく勉強もしているので、下手な返事をすると「君は、何も知らないんだな。もっと勉強しなさい」と叱られてしまいます。

この傾向は、年を取るほど強くなっていくようです。口論では負けない、なんて言うご老人、いますよね。

それぞれの星の働きをみてみましょう。

・偏印星

「偏る」という字が付いています。物事を人と違った方向からみることができます。ですから、芸術家にはこの星を持っている人が多いです。

先に見た傷官星もシャープな感覚の芸術をつかさどる星でしたが、こちらは、近代的な感覚を意味します。

偏印星は、日本古来の芸能（日舞、琴、茶道、華道、また、宗教という意味もあります）に関心が高く、その方面で発展します。

傷官星と偏印星を並んで持っている人は、シャープで人の考えないことを考える感性を持っているので、芸術家に多いです。音楽家、写真家、画家、デザイナー、芸能人、などなど。

変化を好みますから飽きっぽいところがあります。移動好きです。

神秘的なことも大好きで、霊感のある人もいます。人の心の内が読めてしまい、空気が読め過ぎる人が多いです。ですから、思い悩んだり、神経質すぎたりもします。

ＫＹは空気読めないで通っていますが、この読め過ぎてしまう組み合わせもＫＹですね。どちらが楽かというと、いろいろな方のご相談をうかがっている限りでは、前者のＫＹのほうが、ずっと楽な人生のようです。

偏印には持病といった意味もありますから、この星が多い人は、子どもの頃から体を鍛えるとよいでしょう。

五行の土のところにこの偏印星が多い人は、土に囲まれて、おとなしくしていたい人ですから、引きこもりになりがちです。休日などは、家にこもってゴロゴロしていたい人です。特に、偏印星に弱い十二運（死、墓、絶、衰）がついていると、このゴロゴロ性がひどくなります。

反対に強い十二運（冠帯、建禄、帝旺）がついていると、人とのかかわりを持とうとしますし、自信家となります。頭脳や才能で相手を負かす形となり、各種コンサルタントとか、東洋医学の権威、将棋のプロなどに適してきます。

芸能人には、この偏印星を持っている人がたくさんいます。特にお笑い芸人をみてみると、たくさんの人が偏印星を持っています。

アナウンサーにも、この偏印星を持つ方は多いです。安住紳一郎アナウンサーは、たくさんの偏印星をお持ちです。

臨機応変に変化に乗っていける力やトーク力には、必要な要素なのでしょう。

新しいものが好きで、気が変わりやすいところもあります。

移動好きで、海外旅行が好きな人が多いです。

趣味の星とも言われています。こだわりが強く、趣味の領域を超えているような嗜好を持ちます。たとえば、趣味が高じて部屋を借りてしまったとか。カルチャセンターの講師になったとか。本を出版したとか。大金をはたいて、趣味の物を買ったとか。

偏印＋財星＋比肩　の組み合わせは、嗜好品の出費に糸目をつけない人です。

星は、このように組み合わせによって、その人を作っていきます。

・**印綬**

先の偏印星に偏った個性があるとすれば、こちらの印綬は、優等生タイプです。おっとりとした品の良い雰囲気があります。

穏やかで物静か、ドラえもんの出木杉君のイメージです。

学問、知識を得ようとし、机上の勉強を好みます。地位、名誉を表す星でもあり、賞を受けるといった意味もあります。文学者、小説家、医者、弁護士、研究者、大学教授、セミナー講師など。

強い十二運が付く必要があり、冠帯、建禄、帝旺、長生などを喜びます。

弱い十二運だとネガティブ思考となり、愚痴っぽくなったり、引きこもりになったり。

土の印綬が多いと、その傾向は強くなります。

性格は謙虚で、コツコツ型です。温和なので、大きなトラブルもなく平和に人生を渡っていきます。

印綬は、人からの援助、引き立てという意味があるので、印綬の年の婚活（お見合い）は向いています。人から良い紹介を得られる時期です。人の世話をするといった意味もあり、ヘルパー、ボランティア活動などに向いています。慈悲深い人と言えます。根回しも上手です。

考える星は、暴走による失敗を止めてくれるので、一つは欲しい星です。しかし、多くなってくると、自惚れが強くなったり、口うるさくなったり、弁解ばかりしたりと厄介です。

地味な雰囲気で大人しい星ですから、官星と一緒に並ぶことをよしとします。印星の考える力と官星の行動力で、安定した性格となります。常に考えながら、積極的に行動するので、良い結果が生まれます。

印星の人は、大失敗をすることは少ないようです。行動力がないからとも言えます。何かカチンとくることがあっても、「いやいや、今、怒ると損だぞ」「そう言えば、子どもが世話になっているな」などと、いろいろ考えることができるわけです。

印綬がないとどうなるか。「頭に来た！　許せない！」とすぐに手が出てしまったり、「即、投稿！」というように動いてしまうので、問題となってしまうのです。

この考える星（偏印、印綬）を持っている棋士は、非常に多いです。将棋界の寵児、藤井聡太棋士には、印綬星。羽生義治棋士には、偏印星がしっかりとあります。お二人ともに十二運は衰、帝旺の二並びで、押し出しの穏やかさと負けん気の強さを併せ持った形です。注目すべきは、月柱の下が二人とも敗財という、押し出しは弱いが非常に勝気といった星であるということです。おとなしそうに見えますが、負けん気が非常に強いです。

また、ノーベル賞受賞者にも、印綬星を持つ人はたくさんいらっしゃいます。山中伸弥さんもそうです。穏やかで知的な雰囲気が印綬星を物語っています。

また、印綬は、物事の集大成といった意味合いがあり、山中先生がノーベル賞を受賞なさった年は、印綬の年でした。印綬の年に賞を受ける方は多いです。

10年の巡りの中の仕上げの2年（印の年）は、官の時期に広げた仕事や人脈を整理し、考え直す時期になります。

印の時期に、官の年の広がりや活躍を求めて悪あがきをするより、波を受け入れて足場固めの時期としたほうが、スムーズに事が運びます。

波を知ることで、楽に人生を泳いでいけるのです。

飛び回っていた時から、足場を固める時と考えましょう。しっかりとした強靭な足場を作り、また新たなサイクルの10年に入っていくのが理想です。

10年の締めくくりの時期ですから、体のメンテナンスも忘れずに。急に隠れていた病気が発症したりする時期でもありますので、そういった意味での足場固めも大切です。

心も体も緩やかにして、新たなサイクルの10年に入っていきましょう。

新たなサイクルでは、どんな出会いや幸運が待っているのでしょうか。ワクワクドキドキ。人生はその連続です。


この変化は、10年周期で起こっています。

10年ひと昔と言いますが、この10年の流れ（誕生＝比肩・劫財↓思春期＝傷官・食神↓活躍期＝偏財・正財↓充実期＝偏官・正官↓仕上げ期＝偏印・印綬）では、まるで人の一生のような流れが起こっています。

あまりに長いスパンなので、人は気づかずに過ごしていますが。

さらに言えば、一年ごとの変化とともに、5年から10年くらい置き（人により違いがあります）に同じ変化を超す大運という波があり、その大運と一年ごとの年運とが呼応して、その年の運気がわかってきます。

人はこの大きな波の中に生きているのです。

ですから、波によって良い時もあれば悪い時もあるわけです。

さて、5グループ、10個の星の特徴や働きをお話ししてきましたが、星は組み合わせが大切と繰り返しお伝えしていますよね。

その組み合わせをみていきましょう。

この組み合わせ理論がしっかり理解できれば、あなたも鑑定師になれますよ。

第③章　変通星の並びによる見方

（1）四柱の見方について

まず、「四柱の見方」についてお話します。四柱推命では、生まれた年月日時の波動をそれぞれ出して4つの柱を立てるので四柱と言うとお伝えしました。

年	月	日	時
辛丑	壬辰	戊申	庚申
②	①		⑥
養	冠帯	病	病
④	③	⑤	⑦

四柱を見た時に、上段の①②並びは外面、下段の③④⑤並びは内面を表します。

大体①②が60%、③④⑤が40%ぐらい働いていると考えます。

下段は内面ですから、家族やごく親しい人に見せる顔です。配偶者は、下段の顔をよくみているとも言えます。

また、月柱の上下①③はその人自身を色濃く表し、また、生家や生い立ちについても語っています。

年柱は、中年期。または、先祖、親について。

日柱の下段は、自分の配偶者。

時柱は、老後。または子どもとの関係を表しています。

時柱⑥⑦は年を取るにしたがって強く出るようになりますので、わかるならば生まれ時間も出したほうが、より正確に読み取ることができます。

わからない場合には、大運で人生の運気の流れを読み取ります。

(2) 星の並びである相生、相剋について

では、いよいよ星の相生、相剋のお話に入りましょう!

2章で、星の性格を学びましたので、3章では、それぞれの星の並びについてみていきます。

並びとは、横、または縦の並びのことです。

表で言うと、①②（上段）、③④、③⑤（下段）、①③、②④（縦）の並びになります。

1章で、五行の「相生と相剋」の説明をしました。その関係を、そのまま星に当てはめて考えることができます。

相生というのは、力を与えてよい働きをすること。相剋というのは、相手の星を叩きやっつけて力を弱めてしまうことです。吉星であったとしても、剋の関係になると吉分は薄れてしまいます。

少し専門的になりますが、ついてきてくださいね。

次のページの、星の相生と相剋の関係についての図をご覧ください。

五行の相生と相剋と全く同じです。（27・28ページ参照）

▼自我の星「比肩星」

自我の星「比肩星」を中心にみていきましょう。

まず、生じている関係（相生）から。

図をみてわかるように、比肩は、左右にある二つの星とは生じる関係（相生）です。♥がついているでしょう？　♥は相生の関係を表しています。

印綬から比肩に流れる動きをみてみましょう。

印綬→比肩

印綬は本来おとなしい知的な星ですが、比肩（自我の星）に力を与えて、自信が生まれます。特に強い十二運（建禄・冠帯・帝旺・長生）が付くと人前に出て話をしたり、営業で理論展開をしたりする活動的な星へと変わります。

負けず嫌いになり勝負事にも強くなります。勉強好きですが、ともすると理屈屋さんです。こつこつと励む研究者に向いています。

ここに官星が並ぶと行動力が出て、自信のあ

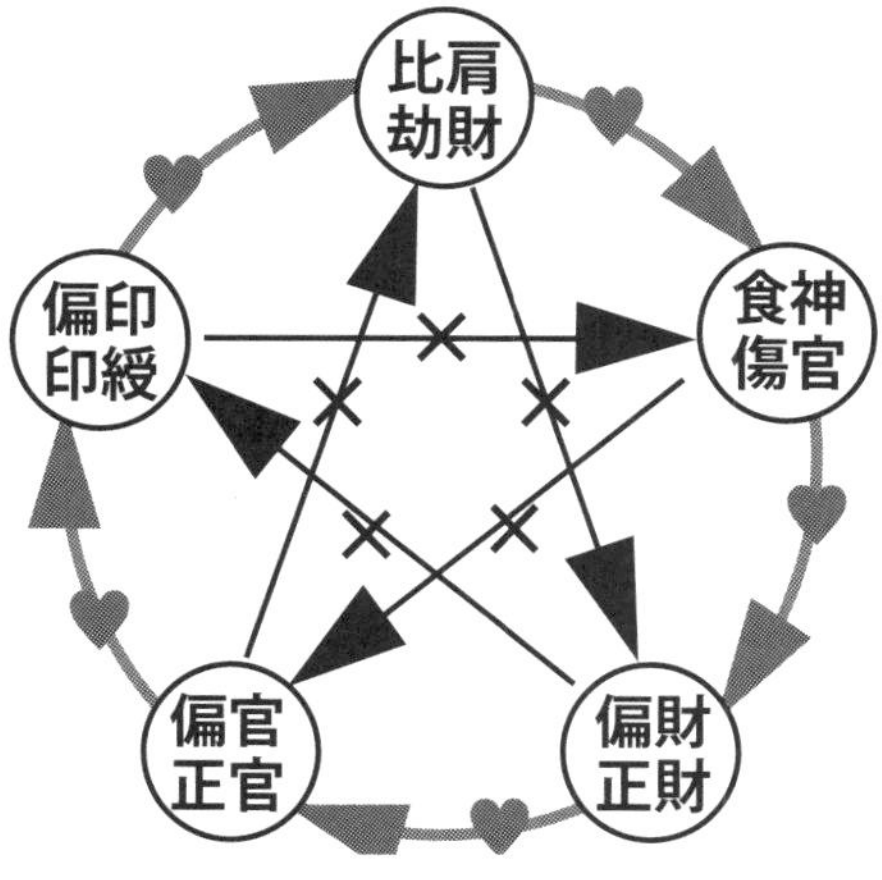

る頭の切れる仕事人へと変わります。

偏印→比肩

偏印は、考える星ですが、むら気があります。飽きっぽく、好奇心が旺盛、ふらりと旅に出たり、自由人です。

おしゃべり好きで、変化を好みます。趣味の話を延々としたり、趣味が高じて副業を持つ人も多いのが特徴。

芸能人、芸術家にも多く、YouTuberなどSNSで活躍している人に多い星並びです。しかし、偏印＋比肩は、飽きっぽさが手伝ってか、副業に手を出して失敗するなど、浮き沈みが生じてきます。

弱い十二運（衰、死、墓、絶）が付くと愚痴っぽくなるので、根拠のない自信家の強い十二運（帝旺、冠帯、建禄）が付いた偏印＋比肩の人の方が好ましいですね。ここに偏官星が付くと、単なる自信家から、行動力が加わるので説得力が出てきます。いわゆる「やり手」になります。

次に　比肩から食神、傷官への流れをみてみましょう。

比肩→傷官

比肩は自我の星ですが、傷官に生じています。

神経質で口は達者ですが、高慢なところがあるのでついつい言葉が過ぎてしまい、人間関係がうまくありません。嫉妬心も強くなり、鼻っ柱が強くなります。

比肩は自分を示すので、自分を傷つけるという意味になり、家庭内でのもめごとを示すことが多いのです。

ただし、これに財星が付くと、傷官の脅威が財へと流れますから、もめごとは小さくなります。

比肩→食神

食神は大らかなのびのびとした星なので、さらにその意味を強めるため、面倒見のいい姉御、兄貴タイプとなります。

人を呼んでごちそうするのが大好き。明るく伸びやかで人から好かれます。食神はみての通り食べ物の星ですから、一生食べるのには困りません。

財星が付けばさらに福分が増えます。

次に、剋の関係（やっつける関係）をみてみましょう。

正官→比肩

正官の清楚な雰囲気に自我の星が付くので、おとなしそうに見えても、なかなかの頑固者。行動力があり、仕事をこなしますが、人に頭を下げることができません。女性は、近寄りがたい雰囲気を持ちますが、清楚さがありモテます。

官星は比肩をつつきますから、ツンと澄ました高慢な印象にみられがちです。

女性は、頭にくるとすぐに別れてしまう傾向があり離婚率も高いのです。気が強いので優しいご主人が良いでしょう。

ただし、ここに印星がつくと暴走はグーンと治まってきます。

正官に強い十二運（帝王、冠帯、建禄、長生）が付くと、世に出ようとする力が強まり、中小企業のワンマン社長などが多くなります。

偏官→比肩

偏官は、豪快で世話好きな星。気が小さい割に、義理人情に厚く、直情的です。

この強いパワーが比肩をつつきますので、正官よりもさらに問題が発生します。自我を剋するために、人からの反対、不和、などの災難が起こり、喧嘩をして辞めてしまうことがあります。

女性のほうが、災いが大きいように思います。夫のことでの苦労が多く、離婚率が高いのも事実です。

しかし、ここにも印星が入ると暴走はぐっと抑えられるのです。

または、食神で偏官のパワーを弱めてくれる場合（食神は偏官を剋しているため）も災いは減ります。

では、比肩が剋する星（財星）についてみてみましょう。

×がついている並びになります。

比肩→正財

正財は、貯蓄の財といった意味がありますが、比肩があるとなぜか溜まりにくく、入ったお金は流れて行ってしまいます。せっかくお金が入っても、ローンや借金などの返済に消えていくという感じです。ですから、なるべく貯蓄を心がけるようにしてください。

好き嫌いがはっきりしている人が多いようです。

女性は清楚な雰囲気の美人が多いです。

傷官、食神があると剋の関係が薄れるので、脅威が減ります。

比肩→偏財

偏財は流動性のあるお金を意味するので、比肩に剋されることにより、正財よりも脅威の波が大きくなります。

経営者は、経営面で窮地に追い込まれたり、投資に失敗したり、お金を持ち逃げされたり、保証人になったばかりに返済金が降ってきたりと散々な目に遭いやすいのです。

もし命式に遍財星があって比肩があり、偏財が弱い十二運で、大運などで比肩星が増えてしまった時には、要注意です。お金にまつわることには常に注意をしておいたほうが無難です。

この並びを持っている人は、破産をしたとか、人に貸したお金を踏み倒されたとか、株や競馬で大損をしたとか、金銭面で損害を被っている人が多いのも事実です。

でも、なぜか明るく悲壮感がありません。比肩星の強さからかと思います。


最後に、同じグループの星同士が並んだらどうなるでしょう?

同じグループというのは、比肩・劫財、傷官・食神、偏財・正財、偏官・正官、偏印・印綬の5つのグループを指します。

その星の性格がより強くなるわけですが、吉星が二つ並んでも大吉にはなりません。かえって星の福分が消えてしまいます。

吉星は命式に一つあり、強い十二運が付いているものを最上とします。

ちなみに比肩は、自分自身を指すため、吉凶どちらにも属さない位置づけです。

比肩・比肩

自我の星が二並びです。

品の良いやせ形で姿勢が良い人が多いです。

自分の意見をはっきりと言い、思いを貫き通し、さっぱりとしています。

父親との縁が薄いようです。

どこかに孤独感があり、家庭的に寂しい人が多いです。

苦労負けはせずに我が道を開拓していくタイプです。

比肩・劫財

比肩二並びよりもがっちりとしていて、大柄な人が多いです。

劫財のほうがお金にまつわる災いが大きいように思います。劫財による賭博性が強くなるせいでしょうか。

独立心が強く、苦労負けしません。大胆で自我が強いためから、海外に出て活躍している人も多いです。

家庭を顧みない傾向が強く、離婚率も高いです。

表の顔と裏の顔を持っていると考えられます。

フレンドリーなようで、損得をしっかりと考えている。そんな並びです。

▼自我の星「劫財星」

もう一つの自我の星「劫財星」（敗財）をみていきましょう

♥生じている関係からみていきます。

印綬↓劫財

意味合いは、印綬↓比肩と変わりません。比肩のほうがわかりやすい自信家で、劫財のほうは、したたかさがあります。

フレンドリーに見せて、実は自分の意見を押し通すような感じです。持論を譲らない自信家です。コンサルタント向きの並びです。世に出て成功している人も多いのですが、浮き沈みがあるのも事実です。

偏印↓劫財

偏印は、人の考えないことを考えるアイデアマンです。

副業に手を出しいくつかの仕事をこなします。

大変におしゃべりです。持論を展開します。

財星がないと入ったお金を流してしまいます。

劫財→食神

劫達（ごうたつ）という名前の付いた並びです。別名パクリの星。

もともと劫財にはパクリの要素があるのですが、食神の大らかさが加わり、人を油断させていいとこどりをしていく力を持つのです。

面倒見の良いように見えて最終的には自分の思うように手中に収めてしまうというちゃっかりタイプです。

劫達の星並びを持っているとわかって付き合うと楽かもしれません。

命式に劫財性の強い人は、大運が食神の時期に発展します。

劫財→傷官

大胆さとナイーブさを併せ持った俺様タイプな星並びです。

傷官の感性に劫財のしたたかさが加わり、近寄りがたい雰囲気を出す人もいます。大変な負けず嫌いです。策士でもあります。アスリートにも多い並びです。群れることを嫌い、グループより上に秀でて輝くところから、私は、「カリスマ星」と呼んでいます。

浜崎あゆみさん（１９７８年10月２日生まれ）の命式です。

傷官・建禄・劫財の並びは、神秘性があり儚げでもあり大胆でもある。カリスマ性を感じます(年柱の縦の並び)。偏財・傷官という並び(上段の並び)。お洒落でお金持ちです。

傷官生財格

時	日	月	年
	丁酉	辛酉	戊午
		偏財	傷官
	長生	長生	建禄
	偏財	偏財	劫財

浜崎あゆみさん

続いて、×剋の関係です。

正官→劫財

比肩で見た正官、偏官の並びとほぼ同じですが、劫財のほうがしたたかさやねちっこさがあります。

人の意見を聞かず突き進むところから、会社を解雇されたり、辞めたりということが起こります。

何事もすぐに行動せずに、考えてから事を起こすことが大切です。

偏官→劫財

面倒見の良いところもあり親分肌です。うまく懐に入り勝手なことをやらかす、という感じでしょうか。

豪快さがあり大きな事業をやり遂げる人もいますが、何分、勝手なところがありますので敵も作りやすいのです。その上、人からの忠告はまず聞きません。

何事もすぐに行動せずに、考えてから事を起こすことが大切です。

大運による星並びに注意が必要です。

官星や劫財が出た時には要注意です。

劫財→正財

この並びは思わぬ出費があって、お金がたまりません。

他人にお金を貸したり、保証人になってはいけません。

正財は妻を示しますので、妻からの災いという意味もあります。

食神があると「劫達」という並びとなり、禍はなくなります。

劫財→偏財

比肩での財の並びとほぼ同じですが、劫財のほうが見栄張りな部分があります。

大きなことを好みますから、使い方も大胆です。高価な車や時計などをドーンと買ってしまいます。ちまちま貯めることは好みません。そのため、お金で人生を失敗する確率も高いのです。

男性は、女性にお金を流してしまう傾向も。

同じグループの星が並ぶとどうなるでしょう？

劫財・比肩（138ページ参照）

※以下、先に述べた星並びについては省きますが、細かく言えば並び方の上下左右により多少の働きが変わります。さらに深く学びたい方は、教室にいらしてください。

劫財・劫財

人の意見は聞かずに身勝手です。世界は自分のために回っていると思っています。人との折り合いはうまくないので、会社を変わったり、独立する人が多いです。強い十二運がつくと大変なはったり屋となり、大成功するか大失敗するかの綱渡り人生となります。

海外で大活躍する人もいます。

敗財は、優しい雰囲気を持っていますが、根本の性格は劫財と同じです。劫財の性格との違いは、人の良さや嫉妬深さが出てきます。

ボランティア性があり、マッサージ師、看護師や介護士などの職業の人も多いのです。

▼感受性の星「食神星」

感受性の星「食神星」を中心にみていきましょう。
「食神」は、左右にある４つの星と生じる関係です。
生じている関係からみて行きます。♥がついているところでしたね。

比肩↓食神（１３３ページ参照）
劫財↓食神（１４０ページ参照）
食神↓正財

食神は、大らかで明るい星です。食べるのが好きでお話し好きです。
財に力を与えるので、優しく明るくおしゃれでお金周りが良いという意味になります。
人気運があり、人に好かれます。官星があると出世も早いです。良縁にも恵まれます。
強い十二運がつくと、一生食べることにもお金にも困りません。

食神↓偏財

偏財は、波のある財を意味しますので、お金の出入りが激しくなります。男性にとって財は女性を意味しますが、偏財のほうが流動性があるため、複数の女性という意味があり、男性の場合は、モテ度が食神↓正財よりもさらに高くなります。優しく、おしゃれで、食べるのが好きで、お金があれば、それはモテますよね。女性は良い子どもに恵まれます。男女問わずに人気者です。

食神・偏財の男性は、職場は女性が多く、お子さんも女の子が多いのが特徴です。また、女性に関連する仕事（ファッション、化粧品、美容など）をする人が多いです。

次に剋の関係（やっつける関係）をみてみましょう。×がついている関係です。

食神↓正官

食神は大らかな星で、それほど悪さはしません。特に正官は、人からの引き立てがあり出世の時です。ただ、いい気にはならないように。おごりが出るとよくありません。

食神→偏官

男性には、食神・正官と同じような働きをしますが、女性にとって、偏官は複数の男性を意味しますので、惚れっぽくなります。ダメンズをつかみ、貢いだりすることもあります。

正官2個は、偏官寄りとなりますので注意が必要です。

偏印→食神

この並びを「倒食」といいます。食神を倒すという意味になります。

食神は子どもや愛情を示す星ですが、その福分を抑え込んでしまうという意味です。ですから、お子さんが授かりにくくなる可能性があります。

しかし、案ずることはありません。財の星がこの倒食を解除してくれます。

命式に財があれば、解除となりますが、財がなくても大丈夫。大運、年運に財が出た時は倒食が消えますので。

財は、偏財のほうがより有効です。天徳の星も倒食解除になります。

また、倒食の人は飽きっぽく、変化を好むため、新し物好きとなり、職を変えたり、旅行好きとなります。

いつも新しいことや面白いことを考えているので、お笑い系の人にも多い並びです。

手先が器用な人が多く、アイデアマンですから何事も長く続けると大成します。

印綬→食神

軽い倒食になりますが、偏印ほどの大きな害はありません。

大らかさと優しさで迫力には欠けますが、人に好かれます。


同じグループの星が並ぶとどうなるでしょう？

食神・食神

潔癖なところがあり、おしゃべり好きになります。

女性は子どもの話をよくするようになります。また、口やかましく、夫を尻に引く傾向があります。

食神が増えると傷官的な働きをします。

食神・傷官

感受性の星が二並びで、人の目を気にするようになります。秘密を守れずにおしゃべりです。

心配性なためでしょうか。言葉がきつくなるため、難を逃れるには、なるようになると受け流すことが大切です。

▼感受性の星「傷官星」

もう一つの感受性の星「傷官星」を中心にみていきましょう

まずは、傷官の左右にある相生の関係から。♥生じている関係です。

比肩↓傷官（133ページ参照）
劫財↓傷官（140ページ参照）

傷官↓正財

財星は、傷官星が大好きです。傷官星が、せっせと財を生んでくれるからです。

この星並びを持つ人は、財テク好き。要するにお金が好きなんです。

傷官は色白でやせ型で、正財は楚々とした品の良さがありますから、「傷官美人」と名がつくほど、傷官正財の女性は奇麗な人が多いのです。

傷官↓偏財

偏財のほうが大きくお金が入りますが、出ていくときも豪快に出ていきます。世界中の大金持ちをみていくと、この星並びを持つ人ばかり。傷官星の勘の良さがお金を呼び込む力となるのでしょう。

続いて、×剋の関係です。

傷官↓正官

傷官は、女性にとっては夫、男性にとっては息子を意味します。

家庭に入ると、女性は夫に口うるさく、また、嫉妬深さもあり離婚率も上がります（財があると緩和されます）。
また、官星は仕事という意味があり、職を失うとか証書にトラブルが起こるという暗示があります。良いところまで行くとケチがつきやすいという並びです。

傷官→偏官

心労が多い年めぐりとなります。人間関係のトラブルが起きやすいのです。
女性は子どものことで悩みます。
財星があると緩和します。

印綬→傷官

印綬は、考える星。
傷官の傷つきやすさと合わさって精神的な苦労が多くなり悩みます。
人の心が読めるとか、スピリチュアルに興味がある人が多いです。
霊感の強い人も多いのです。

偏印→傷官

偏印には副業という意味があるので、本業以外の仕事に手を出して失敗するという暗示があります（偏財があるとかえってうまくいきます）。

偏印は人と違ったものの見方をすることから芸術家に多い並びです。

同じグループの星が並ぶとどうなるでしょう？

傷官・傷官

気迷いが多く、ノイローゼになる人もいます。言葉がきつく、人付き合いも下手です。女性は夫を傷つけ自分も傷つきます。自殺傾向が出る場合もあります。事故やケガにも注意をしてください。

財があれば害は落ち着きます。

食神・傷官（149ページ参照）

▼財の星「偏財星」

財の星「偏財星」を中心にみてえいきましょう。

♥生じている関係からみていきます。

傷官→偏財（150ページ参照）

食神→偏財（146ページ参照）

偏財→正官

財と官の良い並びではありますが、偏財はムラが出ます。
まじめで責任感もあり良いのですが、大きなことを好むため、お金を流してしまうとか、部下の失敗でせっかくのポストを失うようなことが起こります。
良くなった時にこそ注意が必要な並びです。

偏財↓偏官

財・官の良い並びですが、偏官と偏財の悪い癖でついつい大きなことをしたがります。派手好みとなるわけです。そのため発展はするのですが、良いときこそ言動に注意が必要になります。思わぬ落とし穴を自分で作り失敗することがあります。でも、また浮かび上がるのがこの並びの強さです。

女性は、夫以外の男性を持ちます。

×剋の関係をみていきます。

比肩↓偏財（136ページ参照）

劫財↓偏財（143ページ参照）

偏印↓偏財

偏印は副業の星ですので、副業で利益を上げようとしますが、金銭面での苦労があります。

官星がないとそこそこの儲けとなります。

印綬→偏財

女性は家庭の主婦向きです。男性は、マイホーム型。

特に敵は作らず、人から好かれますが、出世はまあまあです。

官星があると運気は安定します。


同じグループの星が並ぶとどうなるでしょう？

偏財・偏財

優しくお話し好きで、人から好かれますが、浪費家です。

男性は、女性の友人が多く、職場も女性が多いようです。子どもも女の子が多く、中には孫まで女の子という方も。

男女共に派手好みでブランド物などにお金を使います。

偏財・正財

金銭の出入りがあります。支店を出す人もいます。
男性は、妻以外の恋人ができそうです。
正財に弱い十二運（死、墓、絶）がついているとケチになりがちです。

▼財の星「正財星」

もう一つの財の星「正財星」を中心にみていきましょう
♥生じている関係からみていきます。

傷官↓正財（150ページ参照）
食神↓正財（145ページ参照）

正財↓正官

高貴な雰囲気を持つ良い並びです。育ちが良く擦れた感じがしません。大人しそうな品の良さがあります。

まじめな星が並びますので、道を誤ることを良しとしません。大企業のサラリーマンのイメージ。

強い十二運がついているとかなり出世します。

女性は高嶺の花という感じのすました高位高官のイメージです。女性は良縁に恵まれます。

正財→偏官

正財のきちんとしたまじめさに、偏官の大胆さと庶民性が出てきます。面倒見も良く、営業向きです。人懐こさがあり出世間違いなしです。

ただ、偏官は良いところまで行くと梯子を外されることがままありますから、注意が必要です。偏官の強引さから生じることなんですけれどね。


×剋の関係をみていきます。

正財→印綬

誠意がありまじめですが、行動力に乏しいためかそこそこに終わってしまいます。大運などで官星が出ている時期に発展します。さらにそれに天徳星が出たり、三合を作ったりするとさらに発展期となります。

母と妻の間がうまくいかないとも言われます。常に感謝の心を持ち穏やかに過ごすと発展します。

正財→偏印

副業面で成功します。

社交性があり動くことを良しとするので、芸能関係やルポライターなども向いています。

比肩→正財（136ページ参照）

劫財→正財（143ページ参照）

同じグループの星が並ぶとどうなるでしょう?

正財・正財

財運に恵まれますが、入ってきても出ることも多いようです。
優しく穏やかな雰囲気の人が多いです。
男性は、女性に恵まれます。

正財・偏財（156ページ参照）

▼行動力の星「正官星」

行動力の星「正官星」を中心にみていきましょう。
♥生じている関係からみていきます。

正財→正官（156ページ参照）

偏財→正官（153ページ参照）

正官→印綬

印綬は、考える星。正官は、行動の星ですから、品行方正で努力をするので職場でも認められ出世します。研究者、教師にも多い星です。

人生に波が少なく良い並びです。

正官→偏印

気分にむらが出ますので、職を変えたり副業に手を出したりします。

儲けはあまり期待できません。

財星が出ているとお金が入ります。

×剋の関係をみていきます。

正官→比肩（134ページ参照）

正官→劫財（１４２ページ参照）
食神→正官（１４６ページ参照）
傷官→正官（１５０ページ参照）

同じグループの星が並ぶとどうなるでしょう？

正官・正官

事業が発展して、重要なポストに就きます。

四柱に、官の星が重ねていないことが必要です。

正官が並ぶと偏官寄りになります。

官星が多すぎると、人間関係トラブルを起こし、人生にトラブルが多くなります。

大運で官星が出た時は人間関係のトラブルに注意してください。

次ページの表は、和田アキ子さん（１９５０年4月10日生まれ）の命式です。正官・正官・帝旺の並び、男勝りで正義感にあふれています。

官殺（官から官）

年	月	日	時
庚寅	庚辰	乙亥	
正官	正官		
帝旺	冠帯	死	
劫財	正財	偏印	

和田アキ子さん

正官・偏官

何事にもやりすぎは注意です。強く出ると反発を受けて、計画倒れになります。いい気になるといけません。頭を低くしていきましょう。

偏官寄りになります。

外からはよく見えても内情は苦しいことが多いものです。

財、または、印星があると緩和されます。

▼行動力の星「偏官」

もう一つの行動力の星「偏官」を中心にみていきましょう

♥生じている関係からみていきます。

正財↓偏官（157ページ参照）
偏財↓偏官（154ページ参照）

偏官↓印綬

行動力と考える力がある良い並びです。
偏官は大きなことを好む星ですが、印綬の手堅さが信用を得ます。
四柱に財があればよい運気です。
また、財の大運や、年運の時はより発展します。

偏官→偏印

何事もやりすぎは注意です。運気が上った時には頭を低くし、いい気にならないこと。運気に浮き沈みが出やすいのです。

偏印は変化を好む星ですから、副業や移動、色々な人と会うような仕事が合っています。芸能関係、作家、シナリオライターなど。

×剋の関係をみていきます。

偏官→劫財（142ページ参照）
偏官→比肩（135ページ参照）
傷官→偏官（151ページ参照）
食神→偏官（147ページ参照）

同じグループの星が並ぶとどうなるでしょう？

偏官・偏官

偏官は七殺と呼ばれる星で、比肩から数えて7番目の自我を強く剋する星ですから、なにかと問題が起こります。女性は夫のことで苦労があります。人間関係でも苦労があり、職場での不和、中傷などでも苦労がありますので、注意をしてください。

食神があれば脅威は減ります。

比肩があると全体におとなしそうにはなりますが、人の言うことを聞かないのでトラブルは起こります。

偏官・正官 （162ページ参照）

▼考える星「印綬星」

考える星「印綬星」を中心にみていきましょう

♥生じている関係からみていきます。

正官→印綬（160ページ参照）
偏官→印綬（163ページ参照）
印綬→比肩（131ページ参照）
印綬→劫財（139ページ参照）

×剋の関係をみていきます。

印綬→食神（148ページ参照）
印綬→傷官（151ページ参照）
正財→印綬（158ページ参照）
偏財→印綬（155ページ参照）

同じグループの星が並ぶとどうなるでしょう？

印綬・印綬

印綬は知性の星ですが、多くなるとうぬぼれが強くなります。口論では負けないという自信家もいます。年取るほどに理屈っぽく口うるさくなりますので注意が必要です。

印綬・偏印

考える星が重なり迷いが多くなります。理屈ばかりで結論がなかなか出ません。比肩が強ければ研究者向きとなります。

▼考える星「偏印星」

もう一つの考える星「偏印星」を中心にみていきましょう

♥生じている関係からみていきます。

正官→偏印（160ページ参照）
偏官→偏印（164ページ参照）

偏印→比肩（132ページ参照）
偏印→劫財（139ページ参照）

×剋の関係をみていきます。

偏印→食神（147ページ参照）
偏印→傷官（152ページ参照）
正財→偏印（158ページ参照）
偏財→偏印（154ページ参照）

同じグループの星が並ぶとどうなるでしょう？

偏印・偏印

偏印は、持病という意味がありますので注意が必要です。気迷いが多く悩みます。なるようになるさと開き直る気持ちが必要です。

沐浴がつくとさらに気持ちにむらが出て荒れます。鬱、ノイローゼなど注意です。

以上、比肩・劫財・傷官・食神・正財・偏在・正官・偏官・印綬・偏印の10個の星から、それぞれの相生と相剋の関係をみてきました。

一度述べた星並びについては繰り返しを避けていますが、厳密にみていけば、星の位置の上下、左右の違いにより多少意味合いの違いは出てきます。

より詳しく学びたい方は、私の教室にいらしてくださいね。

教室案内は本の最後に記してあります。対面講習に加えて、オンライン講習もありますので、全国どこからでも学んでいただけます。

私たちは、常に地球のパワー、宇宙のパワーである陰陽五行の相生と相剋の流れの中に生かされています。

運勢とは、皆さんが生まれ持ったパワー（エネルギー）と、地球を取り巻く移り行くパワー（エネルギー）の兼ね合いで決まっていくのです。
自分自身の波を知ることができれば、上手に波乗りができるわけです。
星はまんべんなくそろっていると安定します。
四柱に星の偏りがある場合は、安定する星が出た大運や年運の時を良しと見ます。

第4章　幸せをもたらす天徳の星

（1）幸せをもたらす「天徳の星」

幸せな星の元に生まれるって、なんとも羨ましいお話ですよね。

「幸せの星並びがない人は、貧乏くじばかりひかされるの？」などと、悲観しないでくださいね。

生まれ持った星 ＋ 大運に出ている星 ＋ 毎年出る星 ＋ 毎月出る星の組み合わせで、運気は決まります。

ですから、誰でも幸運の星に囲まれる可能性はあるのです。

人生は、それほど捨てたものではありません。

ご自分の命式から幸運期を探し、その時に焦点を合わせて努力していくことは、人生を楽しくうまく生きるコツとなります。

さあ、「幸せをもたらす星」のお話をいたしましょう！

私は、四柱推命天徳流を名乗っております。

この世に生まれたからには、幸せと納得のいく人生をすべての方に歩んでいただきたいと願っています。そこで、皆様に「天徳を活用していただきたい」という思いから「天徳流」と名付けました。

天徳の星は、どんな条件下にあっても、１００％の幸運をくれるありがたい星です。

第3章で見たように、星は吉星であっても剋を受けます。

しかし、天徳星は、星からの剋を受けることがありません。

ですから、１００％の幸せをくれるというわけです。

天徳の星は、人により違います。

１７８ページ～１７９ページに個別の出し方を書いておりますので、ご自分の天徳星を見つけてくださいね。


個別の天徳の星が出る時は、ラッキーなことが舞い込んでくるということになります。

たとえば、この星があれば、山で道を失って途方に暮れた時に、たまたま携帯がつながる場所にいたというように、困難をどこかで解除できるご加護があるということです。

天徳星を生まれながらに持っている人は、ご先祖様からのご加護が高い人です。

天徳星は、日柱、月柱に出ているものが良いとされていますが、どこに出ていても嬉しいものです。

天徳星を2個以上持っている人を**「四方千徳」**と呼んでいます。

これは、常に天徳に守られているということを意味しています。四方千徳の人には、ご先祖様に感謝をして、お墓参りは欠かさないようにしてくださいとお話をしております。

天徳星が印綬星に繋がっている場合が、最も吉運が高いとされます。印綬は、ご先祖からの徳という意味がもともとあるからです。

また、さらに強い十二運（建禄、冠帯、帝旺、長生）が付いているものは最強です。

でも、天徳星をもともと持っていなくても、大丈夫です。

大運、流年、月運、日運に、天徳星は巡ってくるからです。

干支付きのカレンダーでチェックすれば、ご自分に天徳星が巡る時を探すことができます。この本の末尾に干支表をつけております。

天徳の日は、ぜひ手帳に記しておき、有効利用していただきたいと思います。

私は、天徳会員になってくださった方々に、毎月、天徳の日をお知らせしております。
ちなみに、天徳月で天徳日は、ダブル天徳（ダブ天）、天徳年で天徳月で天徳日は、トリプル天徳（トリ天）と呼んでおります。

天徳年には、今までやりたかったことに挑戦してみるチャンスの年です。
また、トリ天（トリプル天徳）の日に舞い込んできた話には、とりあえず乗ってみるのもよいかもしれません。

官（正官、偏官）の星に天徳星がつけば、大変な出世の時となり、財（正財、偏財）の星に天徳星がつけば、大金が転がり込んでくるかもしれません。

天徳星は、それまで頑張ってきた人への福分でありますから、何も頑張らなかった人はそれなりとなります。

劫財、敗財、比肩の年には、福分が少なくなりますので、注意をしてくださいね。
また、このラッキーデーを悪事に使ってはいけません。
先祖のご加護ですから、必ず、悪事に対して罰は下りますからね。

天徳の日に、実際にあったお話です。

・天徳月、天徳日、天徳方位に就活中の人が出かけたら、大学の先輩にばったり会いその場で先輩の会社に就職が決まった。
・天徳の日にお客様とアポを取ったら、反対に提案をいただいて仕事が増えた。
・天徳の日にセールスの電話を入れたらあっさりOKをもらった。
・天徳月、天徳日、天徳時に宝くじを買ったら7千円当たった（私です）。
・天徳月で天徳日に、第一志望の企業への就職が決まった。
・天徳の日に、別れた彼から、やり直してほしいと連絡が来た。
まだまだ、山のように嬉しいご報告をいただいています。


天徳日と反対に、良くないことをもたらす日を**「空亡の日」**と言います。

別名、天中殺、大殺界と呼ばれているものです。

私は、皆様に、空亡を恐れることなく、天徳を活用して羽ばたいてほしいと心から願っています。「空亡は天徳が打ち消す」と古くからの教本にも書かれています。

天徳の星は、どんな条件下にあっても、１００％の幸運をくれるありがたい星です。

皆様に個別の天徳の星が出る時は、ラッキーなことが舞い込んでくるのです。


自分自身が天徳星を持っているのは最上ですが、たとえばパートナーや仕事仲間などが天徳星を持っていると、何らかの福をもたらしてくれることとなります（2個持っていることが望ましいです）。


本人は何の自覚もなく福をくれるのですから、何ともありがたいお話ですね。

不思議とそういった人には、初対面の時から安心感を覚えるものなんです。

初めて会った時から旧知の友人のように思えたり、すぐにもう一度会いたくなる。そんな感情が湧いてきたら、自分にとって天徳の人なのかもしれません。

自分の天徳星を両方とも持っている人を「天徳さん」と呼んでいます。天徳さんは、密かに神棚にまつり、手を合わせるとよいですよ。


それでは、天徳星の見つけ方についてお話ししましょう。

天徳星は、生まれ月から探します。

その月の節入りがカレンダーとは多少ずれていますので、ご注意ください。
以下のような巡りとなります。

1月生まれ（1月5日から2月3日まで）
2月生まれ（2月4日から3月4日まで）
3月生まれ（3月5日から4月4日まで）
4月生まれ（4月5日から5月4日まで）
5月生まれ（5月5日から6月5日まで）
6月生まれ（6月6日から7月6日まで）
7月生まれ（7月7日から8月6日まで）
8月生まれ（8月7日から9月6日まで）
9月生まれ（9月7日から10月7日まで）
10月生まれ（10月8日から11月6日まで）
11月生まれ（11月7日から12月6日まで）
12月生まれ（12月7日から1月5日まで）

2月4日は立春です。四柱推命では、一年の始まりは、立春からと考えます。立春から新しい年へと運気は変わります。

たとえば、2月2日生まれの方は、1月生まれとして見ます。

1月生まれの天徳星は、乙庚（きのと・かのえ）です。

天徳星には、天徳貴人星と天徳合の2つがあります。

天徳合は、天徳貴人星と干合、または支合しており、互いの星をさらに強める働きをしています。

生月支 ＼ 吉凶神名	天徳貴人《てんとくきじん》 年月日時	天徳合《てんとくごう》 年月日時
亥 11月	乙	庚
子 12月	巳	申
丑 1月	庚	乙
寅 2月	丁	壬
卯 3月	申	巳
辰 4月	壬	丁
巳 5月	辛	丙
午 6月	亥	寅
未 7月	甲	己
申 8月	癸	戊
酉 9月	寅	亥
戌 10月	丙	辛

人との相性は、波動によるものとお話ししました。

その人が発している波動を、人間は知らないうちに感じ取っているのです。

言葉を発しない動物たちは、ほとんど波動で意志の疎通をしています。花も魚も昆虫もすべて波動を持っています。人間だけが何もわからないわけはありませんよね。


皆様、この世に生を受けた以上、楽しく笑って過ごしたいですよね。

幸せになりましょう！

（2）幸せをもたらす「三奇貴人」

次に、命式に現れると非常に博学にして多才、性格も温厚となり、世に出る力を持つと言われているありがたい星並びについてお話ししましょう。
この星並びは**三奇貴人**と言い、以下の3つの並びがあります。

天上の三奇　甲（木の陽）、戊（土の陽）、庚（金の陽）
人中の三奇　壬（水の陽）、癸（水の陰）、辛（金の陰）
天下の三奇　丙（火の陽）、乙（木の陰）、丁（火の陰）

この3つの十干の並びを命式に持っている人が、三奇貴人です。

ここに天乙貴人を帯びれば、さらに秀でて貴命とされます。そこにさらに天徳貴人が出ていたら、もう、鬼に金棒です！　泣く子も黙る栄耀栄華が約束されるわけです。

さあ、どんな人が持っているのでしょうか。歴史上の偉人や有名人では、このような人たちが当てはまります。

天上の三奇　織田信長、開高健
人中の三奇　イチロー選手、島崎藤村
地下の三奇　美空ひばり、西太后

「惜しい！　2つだけあった」という人は、あとの一つが巡ってくる年に大発展ができます。

その年がさらに天徳の年に当たった場合には、今までやりたかったけれど諦めていたことに、思いきって挑戦してみるのもよいでしょう。

願いが叶い、とんとん拍子に事が運んでいきます。

ただ、それはその年一年間のご褒美です。その一年間に、翌年につながるような計画や人脈を構築していただきたいです。

それが上手な人生の波乗りなのです。


では、その年が空亡年だったらどうしたらよいでしょうか。

空亡は、天中殺、大殺界と同じものです。共に空亡の名前を変えて世に広められたものです。

空亡の年は、良いことも悪いことも入ってきます。

無防備なので、見極める力が必要となります。

大きな儲け話は即決せずによく調べること。または、その相手をよくみることです。

四柱推命の出番ということになります。

（3）幸せをもたらす「三局の星」

「生まれながらに運の強い人、ラッキーを身につけている人がうらやましい。私は違うから……」とがっかりしないでくださいね。

幸せを作る星並びは、まだあります。

次は、十二支による並び「三局」です。

亥・卯・未（陰の三局）……木を生みます
寅・午・戌（陽の三局）……火を生みます
巳・酉・丑（陰の三局）……金を生みます
申・子・辰（陽の三局）……水を生みます

四柱の中に以上の４組の組み合わせを持つ人は、穏やかで円満、精神的に安定を保てる人です。

三局の図

下図のように、三合局は十二支が正三角形を作った形となり、非常に安定しています。

星が安定していると、精神的に安定し、おのずと運勢も安定します。

不思議でしょう?

精神的にとんがった人の運勢はとがっているし、愚痴っぽい人の運勢は、反対に運から愚痴られるのです。

ですから、私は、すべての人が、ご自分の人生の波を受け入れて心穏やかに過ごしていただきたいと思っています。


三局する干支を持つ人は、多気知多才な人物となります。

3つの十二支の組み合わせの2個のみを持つ人は、**不完全三局(半局)**と呼びますが、この2個でも福分はあります。

不完全三局の組み合わせは以下のようになります。

亥・卯　　卯・未

寅・午　　午・戌

巳・酉　　酉・丑
申・子　　子・辰

この三局、または半会に天徳の星、または、天乙の星が付くとさらに幸運です。

印綬、正官の星が三局、半会していた場合には、目上の引き立てを受け、成功間違いなしです。安定した生活が保障され、信望厚い人物となります。


ご自分の星が、半局（2個のみの組み合わせ）だった場合には、残りの一つが、大運、または、年運に出た場合には、三局を作り発展期となります。

特にこの発展期に天徳の星が出ている場合には、今まで温めてきた計画を実行に移す年とするのが良いでしょう。


過去を振り返ると、三局を作る年に今の事業を始めて、一気に人脈も増え、発展したという人に多く会います。

また、始めた時にはパッとしなかったが、翌年の三局の年に素晴らしい出会いがあり、一気に発展したという方もいらっしゃいます。

そのような波が来ているときには、自然と前に進む力が湧いてきて、新しく事業を始める方が多いのも事実です。

自分の運気の波を知るということは、とても必要なことだとつくづく思います。

また、恋人やご夫婦の相性として、二人でこの三局を作っていると、二人の仲は安定します。仕事仲間の場合には、発展をしていきます。

二人で半会を作っているカップルはとても多いですが、三局ができる年に急接近をしたり、出会いがあったりするものです。

偶然のように思う出会いも、実は必然。引き寄せているとわかりますね。

皆さんもご自分の命式を知り、この三局があるかをみてみましょう。

または、いつ三局を作るのかを知っておくと、未来設計ができるかもしれません。

以上、幸せをもたらす天徳星、三奇貴人、三局についてお話しいたしました。

第5章　男女の相性について

(1) 相性を知るには

ご相談で最も多いのは、好きなお相手との相性についてです。

「相性は良いのか？　悪いのか？」

「相手は自分のことをどう思っているのか？」

「私たちの将来はどうなるのか？」

「結婚はするのか？　しないのか？　結婚するなら、いつなのか？」

相手のことを好きになればなるほど、相手のことが知りたくなり、二人の将来が知りたくなるものです。

恋は、切なく辛いもの。人を乙女にし、また詩人にもしてくれます。

「恋の病に効くものは、お医者様でも草津の湯でもありやせん」という都都逸がありますが、よく言ったものですよね。

相性は何も恋人同士に限ったことではないと付け加えておきますね。

男女の相性だけではなく、同性の相性も同じようにみて取れます。人の悩みはほとんどが人間関係によるものといわれていますから、円滑な人間関係を築くためにもお使いいただけます。

恋愛・相性などのご相談をいただいた場合には、私は、いくつかのポイントをみるようにしています。

ポイントは6つほどありますが、このポイントをクリアしていればいるほど、相性が良い、または、ご縁が深い、絆があると解釈をします。

恋する皆さん！　その6つのポイントを確認したいですよね。

以下に記していきますので、ご参考になさってくださいね。

まずは、最初に押さえるところから。

日にち柱の星は、人の中心部を表していますので、必ず日にち柱同士でみてください。

①お互いの日干の陰陽五行でみる

日柱の上段にある十干は、陰陽五行を表しており　5×2で10通りありました。

（木のグループ）甲＝陽　乙＝陰
（火のグループ）丙＝陽　丁＝陰
（土のグループ）戊＝陽　己＝陰
（金のグループ）庚＝陽　辛＝陰
（水のグループ）壬＝陽　癸＝陰

以上の10通りです。

下図は、五行（木・火・土・金・水）の相生（生み出す仲の良い関係）の関係を表しています。

この図から、下記の3通りの良い相性の見方ができます。

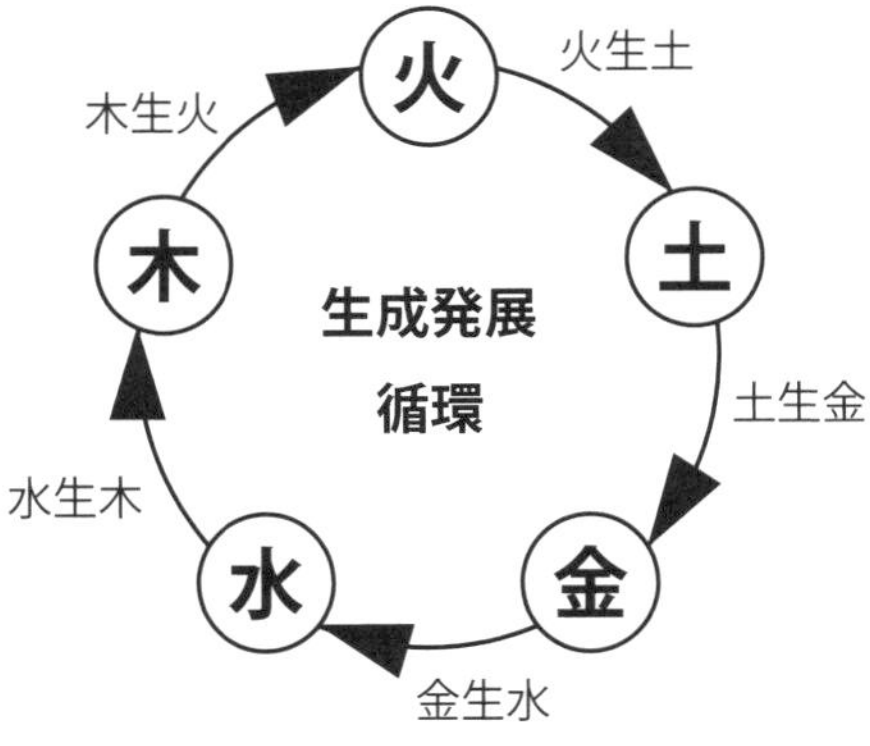

木（もく）火（か）土（ど）金（こん）水（すい）
五行（ごぎょう）＝五気の相生

1．生じる関係である

上記の図は、相生の関係（力を生み出す気持ちの良い関係）を表しています。

ですから、ご自分の日にち柱の上段に出ている星をみてください。

庚なら「金」ですから、生じている関係は「土」と「水」です。

この生じている星を日にち柱に持っている相手とは相性が良いといえます。

生じる方にいる人は相手を気遣い、生じられるところにいる人は気遣われて気持ちが良いという間柄になります。

2．生じる関係であり、なおかつ陰と陽である

さらに踏み込んでこの生じる星の関係で、どちらかが「陰」で、どちらかが「陽」の場合、相性はもっとよくなります。

陰と陽の関係は、気が流れます。早い話、恋の灯も発電しやすい訳です。


庚（金の陽）を例にとると、己（土の陰）、または、癸（水の陰）の人と相性が良いとされます。お互いに無理がなく、心地よい関係となります。

男女の場合、二人がいてまったりと和める関係は、どちらかが陽、どちらかが陰であると良いのです。

一般には、男性が陽、女性が陰であることが望ましいと書いてある書物もありますが、私は、それは全く関係がないと思っています。二人の世界なのですから、男女のどちらが主導権を持とうが持つまいが構わないと思うからです。


では、生じる関係で同じ陽同士、または同じ陰同士の場合はどうなるでしょうか?

お友達のような恋人と考えると良いと思います。

一緒になって笑ったり、泣いたりできる。そんな関係です。

3．同じ五行の陽と陰である

たとえば、同じ金のグループなら、庚（金の陽）と辛（金の陰）の組み合わせのような関係です。

同じ五行であることから、同じ方向を向いているので、すぐに気が合います。

「そうそう、そうなんだよね！」

「同じことを考えている人に初めて会ったわ！」

といった会話になり、旧知の友に再会できたような感覚になります。

すぐに次に会う約束をして、運命の人に出会えたような気になったりします。

この同じ五行の組み合わせで注意することは、同じ気持ちの波の中に二人がいるということです。

恋愛モードの時は良いのですが、お別れモードも一緒にやってきます。

ですから､その時期にお互いの気持ちのすれ違いから別れてしまうことが多いのです。

くっつく時は早かったが、離れる時も早かった、というような。

ただ、以下に示すようなポイントでの繋がりが他にもあると、すれ違いながらも続いていき、危機を脱すると再び仲良くなったりもするのです。

②恋愛星同士の相関関係でみる

日柱の上段の十干が本人であるとお話ししました。

次に日柱の下段から相性を見ます。

この下段の星は、配偶者・恋人を示していることから、「恋愛星」と言われています。

ご自分の日柱の星と相手の星とを比べて、生じている場合には相性が良いとされています。

恋人星は、本人の好みの相手とも言えます。

下記の表で吉や大吉が出ている並びは、次ページの相生・相剋図でみると、生じた関係であることに気づくと思います。

比肩→食神（大吉）
食神→偏財（大吉）
偏財→偏官（大吉）
偏官→偏印（大吉）
偏印→比肩（大吉）

恋愛星同士の吉凶関係

	男性					
女性		**比肩星**	**食神星**	**偏財星**	**偏官星**	**偏印星**
	比肩星	半吉	大吉	大凶	凶	吉
	食神星	吉	半吉	大吉	大凶	凶
	偏財星	凶	吉	半吉	大吉	大凶
	偏官星	大凶	凶	吉	半吉	大吉
	偏印星	大吉	大凶	凶	吉	半吉

大吉の組み合わせはこの5組ですが、左の図をみてわかるように、すべて生じた関係です。

さて、ここでお気づきの方は、かなりの上級者です。

「あれ？　正官とか正財はないの？」と思われた方、さすがです！

恋人星には、比肩・食神・偏財・偏官・偏印の5つしかないのです。なぜかは、お話ししていると長くなりますからここでは省きます。

③お互いの絆の深さをみる

「絆」と言われても、ピンとこない方も多いかもしれません。

実は、男女の相性、または一緒に仕事をする人を知るには、一番のポイントとなるところです。

62ページ～69ページでもお話していますが、星の結びつきの強さを示す「干合」「支合」「三局」をお互いに持

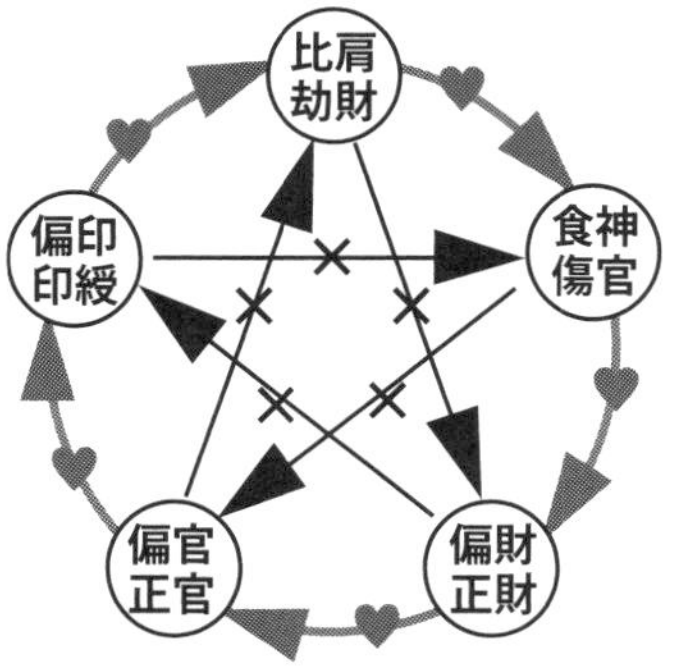

ち合うことによって、絆は強くなっていきます。

その中でも、日にちの柱で持ち合うことが一番強いとされています。

このような二人は、困難を乗り越えていくほどに絆は強いものとなっていきます。


二人の命式で、お互いにいくつ、干合・支合・三局を作っているかをみてください。

以下の表を参考になさってください。

相手と自分の命式を見比べて、お互いに干合・支合・三局をいくつ作っているかを調べてみてください。


はじめに、お互いに日にちの柱で見比べてください。

上段の十干で、干合を作っていますか？

下段の十二支で、支合を作っているかをみてみましょう。

五行	干合		支合		三局
木	壬	丁	寅	亥	亥卯未
火	戊	癸	卯	戌	寅午戌
土	甲	己	子	丑	局せず
金	乙	庚	辰	酉	巳酉丑
水	丙	辛	巳	申	申子辰

日にち柱の結びつきが、一番強い縁のようなものとなります。

次に、全体の四柱で干合・支合・三局を作っているかをみてください。1本でもあれば結びつきがあると考えます。3本、4本とあったらかなり結びつきが強いと考えてください。

左は、**干合の図**です。

干合の図

図をみてわかるように、真反対の星と結びついた形です。

ちょうど磁石のように、陰と陽が強く引き合う形です。

この結びつきのある二人は団結して事をなし、新たなものを生み出すと言われています。

恋人同士はもちろんのこと、ビジネスパートナーにも最適です。

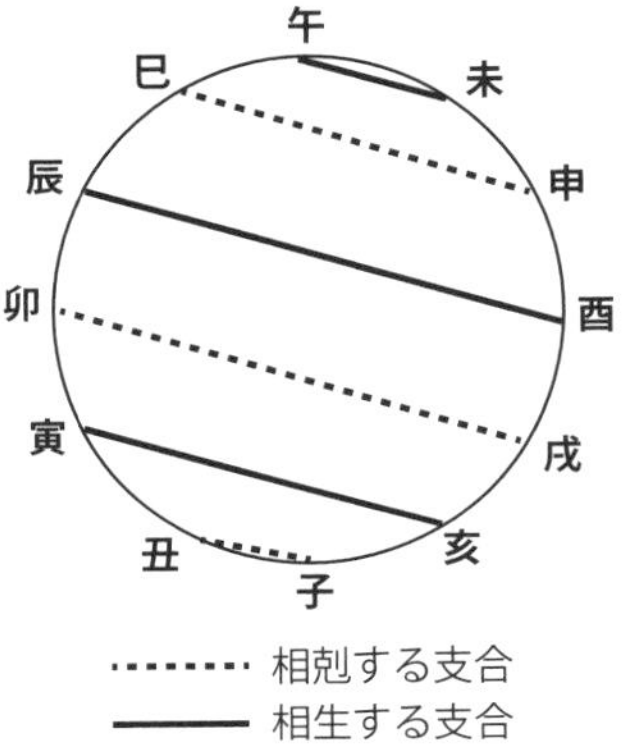

上の図は、支合の図です。

この図は、十二支の2個が引き合った形です。

地球が自転しながら、太陽の通り道と重なり一直線になる時の形をとっています。

精神的な繋がりが強くなると言います。

左下は、**三局の図**です。

この図は、十二支のうちの3つが60度ずつの正三角形を作っています。

安定した形となり、お互いで持ち合うことで運気も安定します。

この三合を二人で作る時期に急速に知り合い、結婚することも多いのです。

三局の図

私は、これらの「絆」を、お互いを結びつける「紐」と考えています。

二艘の小舟が人生という大海を渡っていくときに、嵐が来ようと、お互いを支え合い乗り越えていく力となってくれる紐であり、ロープであり、鎖なのです。

日にちの結びつきは、ロープと考えます。

ロープは紐よりも切れにくいですよね。紐やロープが３本も４本もあれば、なかなか切ることはできなくなります。

日にちの柱の上下が干合・支合している場合は鎖が付いていると考えます。

いったん知り合った男女は、まず切れることがありません。別れたパートナーも、ご夫婦でさえも、再び一緒になることが多いのです。

離れたくても何らかの理由で元に戻ってしまうのです。

私の周りでも何組も復活したカップルを知っています。

別れたくても別れられない、いわゆる腐れ縁カップルもいますけれど。

日にち柱の上段の干合は、ビジネスパートナーに良いと書きました。

星並びでみると、この干合の結びつきは、たとえば、乙・庚の結びつきでみると、庚は乙にとって「官」という仕事や発展の星となり、乙は庚にとって「財」というお金を示す星となります。

ですから、財と官といった結びつきとなり、仕事が発展していくのです！

困難があると、このロープはお互いを支えあって切り抜けていこうとします。そして、切り抜けた先には、さらに強い絆が生まれるというわけです。

日にち柱の下段の結びつき「支合」は、精神的な繋がりとされ、夫婦としては最良の結びつきと考えます。

また、「三局」は運命的な繋がりと言えます。

もし、日にちの柱で「干合」「支合」を作り、なおかつ「三局」を作っていたとしたら、めったに会える人ではありませんから、出会えたことに感謝をして、大切にお付き合いください。

そういう人とは、初めて会った時から他人という気がせず、一緒にいても疲れず、また会いたいと思うことでしょう。相手も必ずそう思っていますよ。

この組み合わせを「鴛鴦（おしどり）合」または、「天地徳合」と呼んでいます。素敵な名前でしょう？

四柱推命というのは、相性にもすべて理論があるということを理解していただけましたでしょうか。

もちろん、最良の相手と対局にある、最悪の相手を知ることもできます。

やはり、日にち柱でみるのですが、知らぬが仏という言葉もあります。

もしお知りになりたければ、私の教室にいらしてください。分かりやすくお教えいたします。

実際に、大きなトラブルや殺人事件などが起こった場合に、被害者・加害者二人の組み合わせをみると、最悪の組み合わせであったなんてこともあるんです。

会ってはならない二人だったということになりますね。

④自分の天徳の星を相手が持っている

天徳星は2つあります。
天徳貴人星と天徳合です。
自分の天徳星を相手が2つとも持っていたら、招き猫がやって来たと思ってください。
大切に、心の中の神棚に飾っておきましょう。

⑤月柱の相生、相剋でみる

・月柱の上、下の変通星がそれぞれ生じている。または同じである

たとえば、自分が正官だった場合には相手は財か印の生じている星が好ましいです。
命式の同じ位置になる星が生じているという意味になります。

・同一空亡である

運命共同体というような意味合いがあり縁が続いていきます。
私が、相性をみる場合は、以下の3点をしっかりとみるようにしています。

1、日にち柱の五行、または、十干・十二支をみて、生じているか、干合・支合はあるかを見ます。
2、全体でいくつ干合・支合・三局（半局）があるかを見ます。
3、月柱が生じているかを見ます。

参考になさってください。

（2）結婚に良い年とは

相性のお話の続きです。
さて、たくさんの男女がいる中で、出会えた二人。

結婚の時期はどういった時なのでしょう？

まだ恋人募集中の人は、良い結婚運が来ているときは良い相手を引き寄せますから、ぜひ、良い結婚運の時期を知って、婚活に役立てていただきたいです。

「結婚に良い年ってあるんでしょうか？」

もちろんあります！

長年付き合っていた恋人同士が、そろそろ一緒になろうと決める時期ってあるんですよ！

それには、３つのポイントがあります。

男性に財星（正財、偏財）が出ている年。

女性に官星（正官、偏官）が出ている年。

このような時期に出会うことが多いのですが、そのままゴールインということが起こりやすい年となります。

男性にとって、財星は、女性を表し、女性にとって、官星は男性を表します。

財星は、そのままズバリお金という意味もありますが、優しさやゆとり、お洒落心、といった意味があります。

お金があり、優しくて、お洒落な男性がモテないはずはありませんよね?

官星は、責任感、仕事、プライドといった意味がありますが、仕事をバリバリとこなし溌剌とした女性は、男性に知り合うチャンスが多く、社会性があるので、男性の友人もすぐにできます。

反対に男性に官星、女性に財星、または、食神が出ている年。

官星には、責任・行動力といった意味がありますから、男性は、責任を取るという意味合いもあり、結婚を決める年となります。

財星は、愛情の星であり、優しさの星ですから、このような年にはプロポーズを受けやすくなります。

食神は、愛情の星ですから、男女ともに結婚の年となります。

まとめると、①食神、②財星（正財、偏財）、③官星（正官、偏官）が出ているときは、男女ともに結婚の年ということになります。

その他のポイントも記しておきます。

その人の生まれた日にちの十干と年干（その年の十干）が干合している年。

その人の生まれた日にちの十二支と年支が支合している年。

その人の生まれた日にちを含んで年干とで三合を作っている年。


干合と、支合、三局の組み合わせは、62ページ〜69ページをご覧ください。

なぜこれらの組み合わせができる年が良いのかというと、干合、支合、三局は新たな五行を生み出すとされており、結婚という新たな人生の門出にはぴったりと言う訳です。

また、このような年は、福が来る時ですから、起業をするとか、支店を作るなどといった新たな事を始めるのにはふさわしい年となります。

三局については、二人の星で三局を作りあう年も良いとされています。

その年は、結びつきが強くなり、離れられなくなるからです。


「三局」には以下の4種類があります。

亥・卯・未　　寅・午・戌　　巳・酉・丑　　申・子・辰

183ページでも説明していますが、十二支が三角形を作っており運気が安定します。

これら3つで1組の組み合わせのうちの2つを結んでいる場合を、半局と言います。

たとえば、亥・卯、卯・未。これらは半局の組み合わせです。

亥・卯の半合に足りない未が、どちらかあるいは、二人に出た場合、その年は、三局を作りあいますので、急接近をしたり、結婚に至ったりします。

もともと二人の命式で三局を作りあっている場合は、縁が深く離れがたい間柄となります。

三局の図

また、半局がたくさんある間柄の場合は、度々、年の巡りで三局を作る可能性が高くなりますから、相性的な繋がりは深いといえますね。

男性は偏財が出ていませんか？

女性は、食神と正官または偏官が出ていませんか？

もし、その組み合わせが出ていたら、それは恋人が現れる暗示です！　でも、その星が消えると恋の炎も消えてしまうかもしれませんが……。

そんな後ろ向きなことは考えずに、その時を楽しんで恋人をゲットしてくださいね！

(3) お金持ちになるには？

皆さんの大好きなお金のお話をしましょう。

ご相談を受けていても、相性、恋愛相談の次に多いのは、今後の人生はどのようになるのか？　お金は儲かるのか？　といったものです。

お金の星は、**「財」**と言います。財には、正財（固定の収入を表す星）と偏財（浮き沈みのある財を表す星）の2種類があります。

財という星には、お金という意味のほかに「宝」という意味があり、健康、長寿、友人、子どもなども意味しています。

皆様にとって一番大切なものは、命ですよね。

病気になって、初めて健康のありがたみがわかるといいますが、やはり、本当の意味での「財」は健康であり、長寿なのかもしれませんね。

「財」の星は、他にも、優しさ、温かさ、扶養の義務、お洒落心といった意味もあります。人間、お金に苦労がないと、余裕が生まれます。自然と優しくなれるのです。

もちろん、お金がすべてではありませんけれど。

面白いことに、男性にとって、財の星は女性を意味します。お金があり、優しく、お洒落な男性は、３千年前の中国でも女性にモテたようです。その法則は、今も変わりがありません。

さて、そのありがたい財の星。どのような星並びが、財を生んでくれるのでしょうか？

２１０ページの表をみてください。

土のところに、偏財と正財が出ています。

この財の星が、生じている星＝力を与えてくれる星というのは、「食神」と「傷官」です。

淡い色の矢印が財に向かっている星です。財のパワーが上がります。


ですから、財は、食神と傷官が大好きです。

まず、食神は、人気、愛情という意味がありますから、食神と財の組み合わせは、人気運が上がる、または、男性は女性にモテルという意見になります。

傷官は、インスピレーションの星。鋭さを示しますが、傷官と財の組み合わせは、ずばり！　お金が増えるということになります！

上段に傷官と財の組み合わせを持っている人は、財テクがとても上手です。

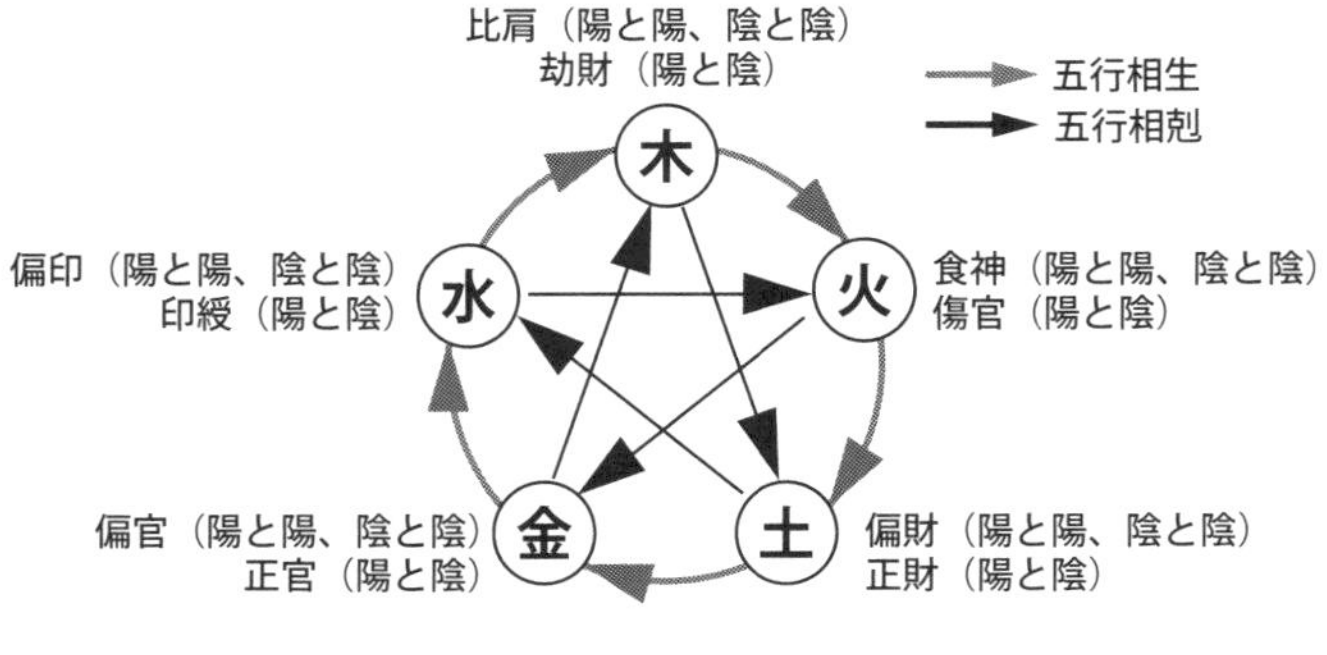

世界一のお金持ちと言われたビル・ゲイツ氏は、傷官と財の組み合わせです。

さらに、そのビル・ゲイツ氏を長者番付で抜いたと言われているアマゾンCEOジェフ・ベゾス氏も、同じく傷官と財の組み合わせなのです。

お二人ともに、そのお金を流す星が強くありませんから、お金はどんどんと増えていったのです。

なんとも羨ましい星並びですよね。

日本では、孫正義さんは、食神と財の組み合わせです。

3人ともに財の星を中央に持っています。

次ページの上の表は、ビル・ゲイツさん（1955年10月28日生まれ）の命式です。傷官・偏財を上段にお持ちです。さらに財に力を与える冠帯がついていますね。「丙」はビル・ゲイツ氏にとって天徳星です。

次ページの下の表は、ジェフ・ベゾスさん（1964年1月12日生まれ）の命式です。こちらの傷官・正財をダブルで持ち、さらに「庚・乙」は、天徳星です。

傷官生財格

時	日	月	年
	壬戌	丙戌	乙未
		偏財	傷官
	冠帯	冠帯	養
	偏官	偏官	劫財

ビル・ゲイツさん

傷官生財格

時	日	月	年
	庚申	乙丑	癸卯
		正財	傷官
	建禄	墓	胎
	比肩	印綬	正財

ジェフ・ベゾスさん

やはりお金がたまる人には、「財」の星が必要なようです。

財の星を盛り立てる生じた関係の傷官、または食神がついていること。

そして、財の星が強く働いてくれる十二運（長生、建禄、冠帯、帝旺）が付いていることも大切です。

さらに天徳星があれば鬼に金棒です。

弱い星（死、墓、絶、衰）だと、やはり、お金の働きが弱くなってしまいます。弱い星の場合、ため込むことが多くて、ケチになるということもあります。

では、お金が流れてしまう、使ってしまう人はどういった星並びなのでしょうか？
もう一度、２１０ページの表をご覧ください。

濃い矢印が、財に向かっているのは、比肩、劫財という星です。
これらの比肩、劫財の星は、財の星をつつきやっつけますので、ついついお金が出て行ってしまいます。

このお金をつつく星（比肩、劫財）を多く持っている方は、お金にまつわることには注意が必要です。

私は、このような星並びの人には、「お金はどうせ出ていくのですから、自分のことに使ってください。人にお金を貸したり、人の借金の保証人になったり、うまい儲け話に乗ったりしないことです。まず、お金が流れていってしまいますから」とお話しするようにしています。

自分のために使えば結局は自分に残りますから、旅行に行ったり、美味しいものを食べたり、資格の勉強をするために学校へ行くとか、車を買うとか、自己投資としてお金を流していただきたいのです。

さらに、財の星がなくて、つつく方の星（比肩、劫財）ばかりの人は、どうしてもお金がたまりません。また、なぜかお金を借りに来る人も多くて、儲かったお金をポンと貸してしまい踏み倒されたりしているのです。

そういう星並びの人には、「人にお金を簡単に貸してはいけませんよ。まず返ってきませんからね」とお話ししております。

以上をまとめます。

お金に縁がある人は、まず、財の星が2～3個ある人。

そして、その財にさらにパワーを与える十二運（長生、冠帯、建禄、帝旺）がついていること。

また、財の星をさらに輝かせる傷官星（食神でもよい）があること。

財星を流す星（比肩、劫財、敗財）が少ないこと（ないのが望ましい）。

……となります。

もちろん、財の星が三局していたり（半局していても良い）、天徳の星が付いていたり、考える印綬、偏印の星があったりするとさらに効率よく財を回すことができるようになってきます。

要するに財の星が多すぎずに適度にあって、財を輝かせてくれる要素が一つならず三つ四つと重なれば重なるほど、財星は輝くということになります。

（4）成功者になるために

私は、天徳流を名乗っています。

私と縁を持った方々には成功していただきたいからです。

ですから、最後に成功の秘訣をお話ししましょう。

あなたが、理想的な星並びでなくても、悲観しないでくださいね。

どのような星並び（性格の方）が幸せをつかんでいくのかを知り、そのような行動をとるようにすれば良いのです。

次ページの表をご覧ください。

陰陽五行の相生・相剋図と、それに応じた星の並びです。

私たちは、常にこの星の相生と相剋によって、生かされていると知りましょう。

この図を基にお話ししていきます。


まず、最も強運にあるとされる星並びです。

①財、官、印　三宝の命

「三宝の命」だなんて、聞くからに有難い感じがしますよね。

命式の上段に、財（お金、健康）、官（仕事、責任感）、印（学習、考える力）の3つの星が並んでいる人です。

生まれながらにしてこの「三宝の命」を持ち合わせた人は本当にラッキーな星の下に生まれたといえます。

お金、仕事、勉強の三拍子が揃っていると考えられる

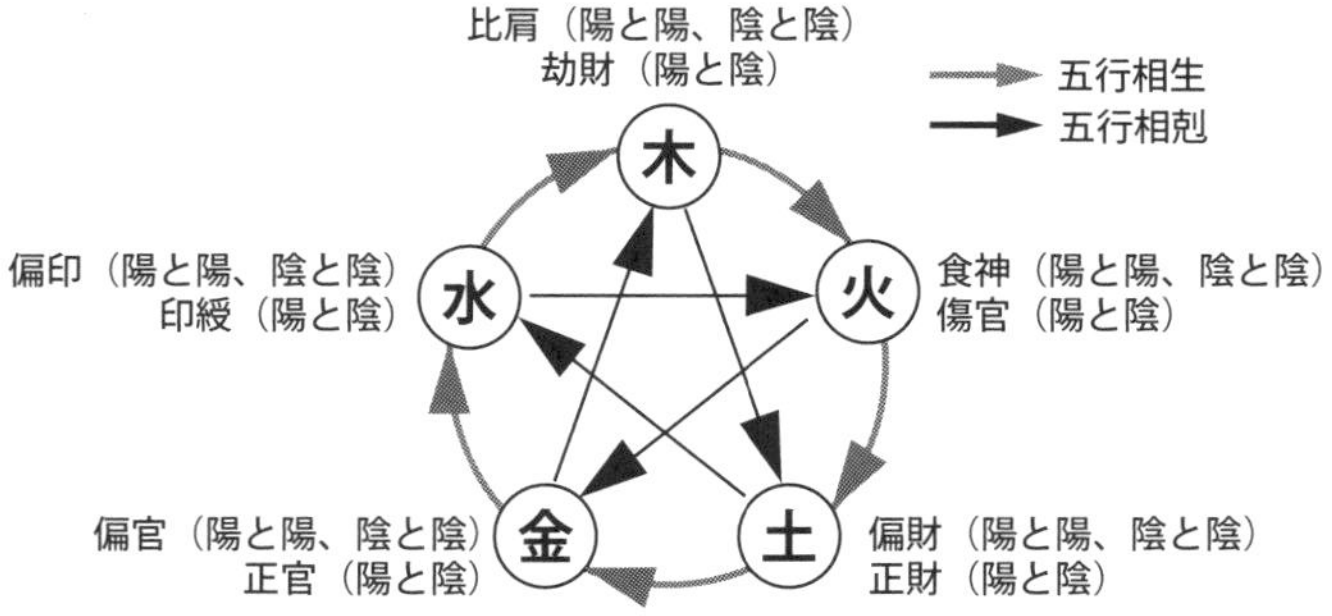

からです。

前ページの図をみてください。

財↓官↓印と淡い色の矢印が生じた形になっています。

この流れがある人は、自然と気持ちを流していくこともできる人です。

流していけるということは、精神面において、一つのことにこだわらず、なるようになるさと気楽にとらえて、大らかに生きることができるということです。

嫌なことがあっても一晩寝れば忘れてしまう。そんな人が多いようです。

幸せを手にする人というのは、こだわりのない人、人を許すことができる人です。一見、動じない、ＫＹ、宇宙人、適当人間、いろいろな言われ方があるかもしれませんが、こだわりを持たずに受け流すことは、実はとてもパワーがいることなのです。

「三宝の命」の人は、気持ちをフラットに保つことができる人が多いようです。

ですから、公平な目で人をみることができ、冷静です。

また、優しさや、財力があり、気遣いもできて、仕事もでき、知識もありますから、自然と人望が厚くなるわけです。

その結果、好感を持たれて、人の上に立つことになります。


中央に来る星によっても、印象が変わってきます。

「財」が中央にある人は、優しい雰囲気で、気遣いができて、丁寧に話を聞いてくれます。

「官」が中央にある人は、正義感が強く意見をして人をまとめてリーダーになろうとします。

「印」が中央にある人は、考える力が強く勉強好きです。面倒見がよく、押し出しは弱いです。

この星に、強い十二運（長生、冠帯、建禄、帝旺）が付くと社会性が強くなり、必ず人の上に立つ人となります。


3つのどの星に強い星が付くかによって出方が変わります。

さらに、この3並びに三局または半局が重なった場合には、もう、鬼に金棒どころか小判千枚付きの勢いです。

天徳の星がつくのも良いですね。

泣く子も黙る、いや、うれし泣き状態となります。

栄耀栄華が約束されます。


女性が、三宝の命を持つと、強い運気を持つために、仕事を続けていく方が多く、独身を貫いたり、離婚率が高いので、相性をよくみて結婚することを勧めます。

兄弟の中で、この三宝の命を持つ人は、長男でなくても、一家を支えるという立場に立たされることも多いのです。

正財、正官、印綬の3種類が良いとされ、偏財、偏官、偏印の三宝の命は二流だとも言われていますが、自営業や副業を持ち、大活躍する人が非常に増えてきた昨今では、二流の三宝の命のほうが面白い人生を歩まれているように思えます。

三宝の命を持つ有名人としては、渋沢栄一さん、田中角栄さんがあげられます。

三宝の命が、なぜ良い結果をもたらすのかというのは、財（優しさ、思いやり、お金）

と、官（責任感、実行力、行動力）と、印（考える力、援助を受ける、援助をする）といった星が、うまく感情をコントロールするからでした。

何か事が起こっても、すぐにカッと来て辞めてしまう、抗議をする、怒る、泣くというような、大きな感情の波が生じにくいです。そのために、波風が立たず、また、自分自身も受け流していく力があるので、忘れてしまうのです。

皆さんが、三宝の命でなかったとしても、何事も受け流すように努めていけば、おのずと道は開けていきます。

常に感謝の心を持ち、人を許し、和をもって進んでいくことは大切です。

左上の表は、渋沢栄一さん（１８４０年3月16日生まれ）の命式です。正財・偏官・偏印があり帝王がついています。

左下の表は、田中角栄さん（１９１８年5月４日生まれ）の命式です。正官・印綬・正財が並ぶ形です。

財官双美の命

時	日	月	年
	甲戌	己卯	庚子
		正財	偏官
	養	帝旺	沐浴
	偏財	敗財	偏印

渋沢栄一さん

財官印三宝の命

時	日	月	年
甲午	辛亥	丙辰	戊午
正財		正官	印綬
病	沐浴	墓	病
正官	食神	印綬	正官

田中角栄さん

②準三宝の命

読んで字のごとく、三宝の命に次ぐ幸運を呼ぶ並びがあります。

食神・正財・官の並びです。

三宝の命の「印」が食神に変わった形ですが、この3つの星も生じた並びとなっていますね。生じた並びはパワーを与えて運気も上がっていくのです。

食神とは、明るく、大らか、食べるのが好きで、料理を作るのも好きといったなんとも憎めない星です。印のような用心深さがありませんから、ちょっとおっちょこちょいになりますが、屈託がないので人から好かれます。愛されキャラで優しさと行動力があるというわけで、交友関係も広く、幸運をつかんでいきます。

ただ、偏財の場合は、男性は女性問題を起こしやすいいため、準三宝の命は正財のみとします。

左の表は、錦織圭さん（1989年12月29日生まれ）の命式です。正財に建禄という強い十二運がついています。錦織さんは天徳「巳」もお持ちです。

準三宝の命

時	日	月	年
乙卯	癸亥	丙子	己巳
食神		正財	偏官
長生	帝旺	建禄	胎
食神	比肩	劫財	偏財

錦織圭さん

③財官双美の命

「財・官・印　三宝の命」「準・三宝の命」といった幸運をもたらす星のお話をしました。いずれも図でみると生じた関係にある星並びです。

この中で、生じている星として財星（正財・偏財）と官星（正官・偏官）が二並びでも十分に幸せな星並びと言えます。

財官双美（ざいかんそうび）と言います。

なんとも素敵なネーミングでしょう？

組み合わせには、正財・正官、偏財・正官、正財・偏官、偏財・偏官の4種類があります。

正財と正官は、濁りのない澄んだ星とされています。

ですから、この2つの組み合わせは、4つの並びの中で最も気位が高く、品の良さを醸し出していると言えます。

月柱、または上段にこの星並びを持つ人は、育ちが良く、真面目、清楚な雰囲気、男性ならば貴公子風です。

偏財と偏官の並びですと、どう変わるのでしょう?

どちらも波（偏り）が出てきますので、財も大きく入り大きく出ることがあり、官である仕事にもむらがあります。


また、動き回ることが好きで、派手好き、迫力が出てきます。

正と偏の多少の違いはありますが、どの組み合わせも、財（優しさ、お金、ゆとり）と官（仕事、責任感、正義感）を持ち備えた良い組み合わせです。

大運や流年で印星（印綬、偏印）がでれば、財・官・印三宝の命の形となり運気が安定します。

ゴージャスなおっとりとした雰囲気。これは財星のイメージです。余裕と美しさがありますね。


次に「官星」。官星は、仕事、責任や行動といった意味があります。しっかりとした地に足の着いたイメージです。リーダー的な役割を果たすしっかり者です。

これらの2つのエネルギーを兼ね備えた人が、財官双美の命となります。

山中伸弥さん（1962年9月4日生まれ）の命式です。

月柱が財・官になっていますね。印綬（勉強の星）に帝王がついていますから、財・官・印三宝の命ともいえます。

さらに「戊」は山中先生の天徳星です。非常にまじめでまっすぐ、研究熱心で頭の良い方です。

山中先生がノーベル賞をお取りになった年は印綬・帝旺の年でもありました。

財官双美の命

時	日	月	年
	乙巳	戊申	壬寅
		正財	印綬
	沐浴	胎	帝旺
	食神	正官	劫財

山中伸弥さん

④官印両在の命

官星（正官、偏官）と印星（印綬、偏印）の組み合わせを上段に持つ人です。

正官・印綬、正官・偏印、偏官・印綬、偏官・偏印の４通りがあります。

正官と印綬は混ざりがない綺麗な星ですから、この組み合わせの人は清楚な雰囲気を持ち真面目です。学校の先生、研究者などに多い星並びです。

偏官と偏印の組み合わせだと、多少の波のぶれが生じてきますので、押し出しが出て、動きも感じられます。営業向きだったり、同じ先生でも塾の講師などが向いているかもしれません。


官の星は、責任感があり、行動力もあります。

印の星は、学問の星、探求心が大勢です。いろいろと調べたり、追及するのが大好き。ノーベル賞を受賞している多くの方は、この印綬か偏印を持っています。

棋士の藤井聡太さんは印綬、羽生善治さんは偏印を持っています。さらにお二人ともに帝王が付いています。よく似ているでしょう?

官星+印星は、行動力と考える力が備わっていますから、大きな失敗もせずに結果を出していき、おのずと信頼を勝ちとっていきます。

学問を仕事にする星ですから、学校の先生に多い星並びです。

官と印は生じていますので、波動の流れもよく良い働きをするのです。

皆さんが、もし、この財官双美の命、官印両在の命でなかったとしても、何事にも慎重に、しかし、行動力を持って進んでいくことが大切と星は教えてくれています。

安室奈美恵さん（1977年9月20日生まれ）の命式です。印綬という穏やかな星が正面にありますが、正官二並びですからしっかり者。長生がついているので伸びやかで嫌みがありません。

男勝りな頑張り屋さん。

時柱に財が出ていると聞きますから、大変な発展運をお持ちです。巳酉で半局。辰酉は支合。

官印両全の命

時	日	月	年
	庚辰	己酉	丁巳
		印綬	正官
	養	帝旺	長生
	偏印	敗財	正官

安室奈美恵さん

⑤劫達（ごうたつ）の命

「財・官・印　三宝の命」「準・三宝の命」「財官双美の命」「官印両在の命」といった4つの幸運をもたらす星のお話をしました。いずれも生じた関係にある星並びです。

新たに生じる命の一つとして「劫達の命」についてお話ししましょう。

これは、劫財＋食神＋財星（正財、偏財）の組み合わせです。

「比肩や傷官は違うのですか？」と思ったあなたは、相当な四柱推命の熟練者ですね。

はい、この場合は、劫財と食神のみです。

財星においてのみ、正財と偏財が出ても良いとなっています。

偏財のほうが波を生じる財なので、大きく入る可能性は高いのですが、大きく出ていく可能性も高くなります。

劫財（自我を曲げない。大風呂敷を広げるような賭博性がある）、食神（食べるのが好き。愛興があり人気がある）、財（お金、優しさ）。

この3つの星が並んで、パワーの巡りもよくなると、どうなるか?

くじ運が上がります!

忘年会で一等賞を当てたり、町のくじ引きで特等を当てたり、挙句の果てには宝くじに当たったり。「私、昔からくじ運があるの」というような人です。

劫財と食神のみの組み合わせだと、はったり屋でギャンブル性が強くなります。大勝ちしたり、一気にすったりという感じです。やはり財星が付いていて欲しいところです。

別名「パクリの星」などと異名を付けられてしまっていますが、羨ましいからなのですよね。遺産が転がり込み、親ばかりでなく叔母さんの遺産ももらったなんていう人もいます。事故に遭えば保険やら慰謝料やらで得をするし、離婚してもただでは起きずにあれこれと頂戴して、何かあるごとにお金が入ってくるというような人です。

ただ、この星の人は使いっぷりも良くて、お金はあまり残らないようです。

どこか憎めなくて愛嬌があり（食神の仕業です）、でも、しっかりと自分の物にしていく（劫財の仕業です）。そんな、どことなく憎めないちゃっかり屋さん星が「劫達」

です。

この劫財や食神に強い十二運（冠帯、建禄、帝旺、長生）などが揃ってつくと非常に強いパワーとなります。

財星が強い場合は、さらに大金が転がり込みます。

一匹オオカミ的な雰囲気を漂わせつつ、狙った獲物に対しては媚びを売ることも忘れない、したたかさがあります。こちらは、劫財のイメージです。

さて、どことなく可愛らしさがあって、大らかで人気者の食神星。食べるのも大好き、甘えん坊は、食神のイメージです。おなじみのゴージャスさんは、財のイメージです。

「劫達」を持っている人は、人の心に入るのが上手です。いつの間にか、ペースにはめられてしまいます。

何事も、にこやかに間を詰めて好機を狙っていると、良いことがあると星は教えてくれています。

では、もう一つの生じた並び、劫財＋傷官だと、どうでしょうか？

この並びは、自分の物にしようとする強さが感受性をさらに刺激して強くするといった並びになります。ストイックな芸術性のある個人主義者となります。

冒険家にも多く、アスリートにはとても多い星並びです。

自己陶酔型ともいえます。自分の生き方に美学を追及している人です。

カリスマ性を発揮するこの並びを、私は「カリスマの命」といっています。

カリスマの命の人は、人と交わることを好まない傾向があるので、人よりも突き抜けた時にその魅力が輝き始めます。

すごい努力家ともいえる並びなのです。

ナイーブな感性と、劫財のしたたかさとが合わさると、素晴らしいパワーが引き出されるわけですね。

明石家さんまさん（1955年7月1日生まれ）の命式です。

劫財を中心に持つ劫達の並びです。帝旺もお持ちです。さらに「亥」が天徳星です。

劫達の命

時	日	月	年
	癸亥	壬午	乙未
		劫財	食神
	帝旺	絶	墓
	比肩	正財	偏官

明石家さんまさん

⑥比肩一貴の命

「比肩一貴の命」。クールビューティーの星並びです。

比肩という星は、自我の星です。その星が上段、または、下段にずらっと並んだ星並びを比肩一貴といいます。

「自我の星しかないなんて、すごく自己中なの?」って、思ってしまうかもしれませんね。

自我を表す星には、比肩、劫財、敗財の3種類があります。

この3つの星の中で、一番クールで上品な孤高を気取る星が「比肩」です。

ですから、比肩一貴の人は、自己中を表に出さず、何事にもクール&ビューティー。何気ない顔をして、信念を貫き通します。

人と交わることを良しとせずに、孤高の人となって初めて輝き始める人なのです。

先にお話ししたカリスマの星は芸術性が光りますが、比肩一貴の並びは信念を貫き通す一本気な気質といえます。そこが、一貴(貴い)と言われる由縁です。

劫財や敗財はもう少し我が見え隠れしてきますので、クールビューティーというよりも取りに行くといった凄みが出てきます。

この星並びの人は、人と交わらずに我が道を進んでこそ、価値が光ります。道は決して平たんではないかもしれませんが、そこはクールビューティー、何気ない装いでかわしていってしまいます。最後には、大きなことを成していく。だから、一貴（貴い）という訳なんですね。

比肩星は、わがままと言われがちですが、ずらりと並ぶと自我までも消し去って、凄みとなるわけです。

小泉純一郎さん（１９４２年１月８日生まれ）の命式です。

辛（金の陰）の比肩の並び。芸術を愛し、さらりとスマートな雰囲気です。信念を通して郵政民営化を成し遂げました。

比肩一貴の命

時	日	月	年
	辛酉	辛丑	辛巳
		比肩	比肩
	建禄	養	死
	比肩	偏印	偏官

小泉純一郎さん

巳酉丑の三局をお持ちですから発展間違いなし。大運食神の時期に総理となり、大変な人気を博しました。

もう少し比肩の星のお話をしましょう。

⑦コンサルの命

比肩（劫財）＋印綬・比肩（劫財）＋偏印。

自我の星に考える星、勉強の星が並んだ形、これをコンサルの命といいます。

今やコンサルタント流行りですね。コンサルタントのコンサルタントという職業があることも知りました。

印綬と言うのはおとなしい星なのですが、この星に自我や自信を示す比肩星が付くと、人前で話をしたり持論を述べたりするのがうまくなります。

ここに、帝旺や建禄といった強く世に出ようとする星が付くと、さらにぴったりとなります。

自分で培った知識を人に供給する仕事。コンサルタントがぴったりとあてはまります。この星並び（比肩＋印綬・偏印）は、棋士にも多いです。知力を生かして孤独に耐え抜く力があるからです。もし、お子さんがこの星並びだった時には、サッカー選手や野球選手にしようとはせずに、棋士の道を歩ませた方が良いのです。

偏印のほうが、同じ考える星と言っても弁が立ち、世渡り上手な面が出てきます。ですから、偏印＋比肩のほうが自営のコンサルには向いています。

ここまで、幸せを生むさまざまな星並びをお知らせしてきました。すべてが生じる星並びと気づいていただけたら嬉しいのですが。

星同士が支え合って、力を与え合う。気の流れがスムーズなので、滞ることがありません。ですから、運気も自然と伸びていきます。

藤井聡太さん（2002年7月19日生まれ）の命式です。

敗財性の大人しい雰囲気がありますが、大変な負けず嫌い。敗財の周りをぐるりと「印」の星が取り巻いているので考えることが大好き。常に何かを考え続けています。

偏印ですから人の考えないようなことを思いつきます。

もちろん星は剋しあい邪魔をする関係もあります。

第3章をご参照ください。

天徳活用をしていただきたいので、詳しい剋のお話はやめておきましょう。

コンサルの命

年	月	日	時
壬午	丁未	戊子	
偏財	印綬		
帝旺	衰	胎	
偏印	敗財	偏財	

藤井聡太さん

さらに学びを深めたければ、ぜひ教室にいらしてください。

(5) 人生のハイウェイを快適に

四柱推命理論をお話ししてまいりました。

天徳星をはじめとするたくさんの天徳活用についても、お教えいたしました。

「四柱推命は、いつも皆様の味方。たくさんの幸せをくれるもの」とおわかりいただけましたでしょうか？


四柱推命の根本理論は、「陰陽五行」（地球の波動）と「二十四節気」（太陽の波動）です。

私たちは、常に、移り行く、これらの波（波動）の中に生きています。

目に見えるもの、音、色、すべては波動による産物です。分子、原子を作っているものは、波動です。その分子によって、私たちの身体のすべてはできています。気持ちも、相性も、運気も、波動により作り出されているのです。

その波を割り出して、統計により、人それぞれの運気を見出したものが、四柱推命です。

皆さんは、生まれた時に地球と太陽の波動を吸い込み、脳にインプットしています。

その波動が、性格や体調を作り、波動同士で相性を作ります。

また、日々移りゆく、波動と個人の波動とが呼応して運気が決まっていきます。

運気は、自分の持つ陰陽五行の相生と相剋により、善し悪しが決まっていきます。

五行の偏りの強い方は、波動のずれを調整しようとする力が強く働くので、運気にも大きな波が現れます。そのために、波乱万丈な人生となってしまいます。

五行の偏りが少なく、安定した五行をお持ちの方は、順応性があり、調整の力もそれほど大きく働かないので、人生は安定しています。

人生というものは、本人が作り出しているのだと、よくわかります。

第4章と第5章では、幸せになるための星並びについて、細かく説明いたしました。

生じた星並びは、気の巡りが良く、自然と物事の流れはスムーズとなります。

いつも感謝の心を持ち、大らかな気持ちで人を許し、ゆったりと生きていくことが、幸せに結びつくのだと、星は教えてくれています。

いつまでも根に持ったり、人を恨んだり、羨ましがったり、何でも人のせいにしたりしていては、幸運は逃げていってしまいます。

心穏やかに、「自分はラッキーだ。ありがたい」と、にこやかに生きていけば、幸せは向こうからやってくるのです。

どうか、四柱推命と出会ったことを幸いに、皆様の人生が、より穏やかに、温かく、希望に満ちたものとなりますように。
四柱推命は、常に皆様の味方ですから！
皆様の人生がよりよくなることを、心よりお祈りしております。

おわりに

有名な出だしで始まるベートーベンの交響曲第5番「運命」。

「運命の扉は、このように突然たたかれる」とは作曲者ベートーベンの言葉です。

あの時あの人に出会わなければ今の自分はない、そんな経験は誰しもあると思います。

私事ですが、今から20年近く前のこと、東京のど真ん中で以前お世話になった元上司にばったり出会いました。

その上司は、退職して新たな仕事を始めていました。

「良かったらまた手伝ってよ」と彼は言い残してその場は別れたのですが、その後、私は、事務局として約10年間、彼の仕事を手伝うこととなったのです。

まさにそれは、3年前に四柱推命鑑定師に言われた「悩みが消えて霧が晴れ自由になる」と言われた年の出来事でした。

さかのぼること3年前、人生に悩み、相談をした四柱推命鑑定師（のちに私の師匠となる故・安田靖先生）はこうおっしゃっていました。

「君、今、辛いだろう？　今が人生の底だよ。あと2年頑張りなさい。抱えている問題は一つひとつ解決して、3年後には霧が晴れるように楽になる。君の人生はそこから始まるんだ。頑張りなさい。」

その先生の言葉がどれほど私の支えとなったか。

「あと2年。今が底ならば頑張れる！」

果たして3年後、その言葉の通りに、抱えていた問題は一つひとつ解決していった末、先に書いたように東京のど真ん中で全く期せずしてばったりと元上司に会ったのです。

私は、安田先生に連絡を入れました。

ひとこと、お礼を言いたかったのです。

先生はこのようにおっしゃいました。

「辛い時に『助けてくれ』と言う人はたくさんいるけれど、3年もたって、『先生の言うとおりになりました』なんて言ってくる奴はめったにいないよ。気に入った。私の弟子になりなさいよ。」

四柱推命の心得が少しはありましたので、喜んで先生の勉強会に通わせていただくことにいたしました。

そう。それは、20年前のこと。

安田先生に言われた通り、私の人生は、まさにここから再び英気を取り戻していったのです。

運命の扉は、このようにいきなり開かれる、と言ったら大げさでしょうか?


四柱推命を学び始めて、かれこれ30年の月日が過ぎました。

続けてこれたのは、何しろ「当たる」からにほかなりません。

なぜ、四柱推命はこれほどまでに当たるのか?

学べば学ぶほどにその理論は腑に落ちて、なんとも素晴らしいツールであると興味は深くなるばかりです。

私の四柱推命の探求に終わりはなく、今でも学びの中におります。

実は、ばったりとかつての上司に出会ったのは、私の天徳年。

さらに数年後、人様から推されて四柱推命鑑定師と名乗り、本格的に鑑定を始めたのも私の天徳年。

その年に出会った女性は私の右腕となって、今、事務局を務めてくださっています。私の人生の転機は、常に天徳年に現れているのです。

あの時、安田先生に、あの時、元上司に出会わなければ、今の私はいないのです。出会ってくださったすべての方々に、心からの感謝を申し上げます。

一人でも多くの皆様が、私の本を通じて四柱推命を知り、自信を持って人生の荒波を乗り越え、その向こうにある高みを目指す勇気と希望を持っていただきたいと願い、終わりの挨拶とさせていただきます。

最後になりましたが、出版の労をお取りいただきました株式会社創藝社の山本洋之様、数々のアドヴァイスをくださいました株式会社クリエイターズ・ジャパンの高橋恵治様に心からの感謝を申し上げます。

四柱推命・天徳流師範　石橋ゆうこ

令和3年《干支：辛丑》　2021年【六白】

	2月	3月	4月	5月	6月	7月	8月	9月	10月	11月	12月	2022 年1月	
日	庚寅	辛卯	壬辰	癸巳	甲午	乙未	丙申	丁酉	戊戌	己亥	庚子	辛丑	日
4	癸未		壬午										4
5	甲申	壬子	癸未	癸丑	甲申							戊午	5
6	乙酉	癸丑	甲申	甲寅	乙酉							己未	6
7	丙戌	甲寅	乙酉	乙卯	丙戌	丙辰	丁亥	戊午		己未	己丑	庚申	7
8	丁亥	乙卯	丙戌	丙辰	丁亥	丁巳	戊子	己未	己丑	庚申	庚寅	辛酉	8
9	戊子	丙辰	丁亥	丁巳	戊子	戊午	己丑	庚申	庚寅	辛酉	辛卯	壬戌	9
10	己丑	丁巳	戊子	戊午	己丑	己未	庚寅	辛酉	辛卯	壬戌	壬辰	癸亥	10
11	庚寅	戊午	己丑	己未	庚寅	庚申	辛卯	壬戌	壬辰	癸亥	癸巳	甲子	11
12	辛卯	己未	庚寅	庚申	辛卯	辛酉	壬辰	癸亥	癸巳	甲子	甲午	乙丑	12
13	壬辰	庚申	辛卯	辛酉	壬辰	壬戌	癸巳	甲子	甲午	乙丑	乙未	丙寅	13
14	癸巳	辛酉	壬辰	壬戌	癸巳	癸亥	甲午	乙丑	乙未	丙寅	丙申	丁卯	14
15	甲午	壬戌	癸巳	癸亥	甲午	甲子	乙未	丙寅	丙申	丁卯	丁酉	戊辰	15
16	乙未	癸亥	甲午	甲子	乙未	乙丑	丙申	丁卯	丁酉	戊辰	戊戌	己巳	16
17	丙申	甲子	乙未	乙丑	丙申	丙寅	丁酉	戊辰	戊戌	己巳	己亥	庚午	17
18	丁酉	乙丑	丙申	丙寅	丁酉	丁卯	戊戌	己巳	己亥	庚午	庚子	辛未	18
19	戊戌	丙寅	丁酉	丁卯	戊戌	戊辰	己亥	庚午	庚子	辛未	辛丑	壬申	19
20	己亥	丁卯	戊戌	戊辰	己亥	己巳	庚子	辛未	辛丑	壬申	壬寅	癸酉	20
21	庚子	戊辰	己亥	己巳	庚子	庚午	辛丑	壬申	壬寅	癸酉	癸卯	甲戌	21
22	辛丑	己巳	庚子	庚午	辛丑	辛未	壬寅	癸酉	癸卯	甲戌	甲辰	乙亥	22
23	壬寅	庚午	辛丑	辛未	壬寅	壬申	癸卯	甲戌	甲辰	乙亥	乙巳	丙子	23
24	癸卯	辛未	壬寅	壬申	癸卯	癸酉	甲辰	乙亥	乙巳	丙子	丙午	丁丑	24
25	甲辰	壬申	癸卯	癸酉	甲辰	甲戌	乙巳	丙子	丙午	丁丑	丁未	戊寅	25
26	乙巳	癸酉	甲辰	甲戌	乙巳	乙亥	丙午	丁丑	丁未	戊寅	戊申	己卯	26
27	丙午	甲戌	乙巳	乙亥	丙午	丙子	丁未	戊寅	戊申	己卯	己酉	庚辰	27
28	丁未	乙亥	丙午	丙子	丁未	丁丑	戊申	己卯	己酉	庚辰	庚戌	辛巳	28
29		丙子	丁未	丁丑	戊申	戊寅	己酉	庚辰	庚戌	辛巳	辛亥	壬午	29
30		丁丑	戊申	戊寅	己酉	己卯	庚戌	辛巳	辛亥	壬午	壬子	癸未	30
31		戊寅		己卯		庚辰	辛亥		壬子		癸丑	甲申	31
1	戊申	己卯	己酉	庚辰	庚戌	辛巳	壬子	壬午	癸丑	癸未	甲寅	乙酉	1
2	己酉	庚辰	庚戌	辛巳	辛亥	壬午	癸丑	癸未	甲寅	甲申	乙卯	丙戌	2
3	庚戌	辛巳	辛亥	壬午	壬子	癸未	甲寅	甲申	乙卯	乙酉	丙辰	丁亥	3
4	辛亥		壬子	癸未	癸丑	甲申	乙卯	乙酉	丙辰	丙戌	丁巳		4
5					甲寅	乙酉	丙辰	丙戌	丁巳	丁亥			5
6					乙卯	丙戌	丁巳	丁亥	戊午	戊子			6
7								戊子					7
8													8
	2月	3月	4月	5月	6月	7月	8月	9月	10月	11月	12月	2022 年1月	

令和4年《干支：壬寅》　2022年【五黄】

	2月	3月	4月	5月	6月	7月	8月	9月	10月	11月	12月	2023年1月	
日	壬寅	癸卯	甲辰	乙巳	丙午	丁未	戊申	己酉	庚戌	辛亥	壬子	癸丑	日
4	戊子												4
5	己丑	丁巳	戊子	戊午									5
6	庚寅	戊午	己丑	己未	庚寅							甲子	6
7	辛卯	己未	庚寅	庚申	辛卯	辛酉	壬辰			甲子	甲午	乙丑	7
8	壬辰	庚申	辛卯	辛酉	壬辰	壬戌	癸巳	甲子	甲午	乙丑	乙未	丙寅	8
9	癸巳	辛酉	壬辰	壬戌	癸巳	癸亥	甲午	乙丑	乙未	丙寅	丙申	丁卯	9
10	甲午	壬戌	癸巳	癸亥	甲午	甲子	乙未	丙寅	丙申	丁卯	丁酉	戊辰	10
11	乙未	癸亥	甲午	甲子	乙未	乙丑	丙申	丁卯	丁酉	戊辰	戊戌	己巳	11
12	丙申	甲子	乙未	乙丑	丙申	丙寅	丁酉	戊辰	戊戌	己巳	己亥	庚午	12
13	丁酉	乙丑	丙申	丙寅	丁酉	丁卯	戊戌	己巳	己亥	庚午	庚子	辛未	13
14	戊戌	丙寅	丁酉	丁卯	戊戌	戊辰	己亥	庚午	庚子	辛未	辛丑	壬申	14
15	己亥	丁卯	戊戌	戊辰	己亥	己巳	庚子	辛未	辛丑	壬申	壬寅	癸酉	15
16	庚子	戊辰	己亥	己巳	庚子	庚午	辛丑	壬申	壬寅	癸酉	癸卯	甲戌	16
17	辛丑	己巳	庚子	庚午	辛丑	辛未	壬寅	癸酉	癸卯	甲戌	甲辰	乙亥	17
18	壬寅	庚午	辛丑	辛未	壬寅	壬申	癸卯	甲戌	甲辰	乙亥	乙巳	丙子	18
19	癸卯	辛未	壬寅	壬申	癸卯	癸酉	甲辰	乙亥	乙巳	丙子	丙午	丁丑	19
20	甲辰	壬申	癸卯	癸酉	甲辰	甲戌	乙巳	丙子	丙午	丁丑	丁未	戊寅	20
21	乙巳	癸酉	甲辰	甲戌	乙巳	乙亥	丙午	丁丑	丁未	戊寅	戊申	己卯	21
22	丙午	甲戌	乙巳	乙亥	丙午	丙子	丁未	戊寅	戊申	己卯	己酉	庚辰	22
23	丁未	乙亥	丙午	丙子	丁未	丁丑	戊申	己卯	己酉	庚辰	庚戌	辛巳	23
24	戊申	丙子	丁未	丁丑	戊申	戊寅	己酉	庚辰	庚戌	辛巳	辛亥	壬午	24
25	己酉	丁丑	戊申	戊寅	己酉	己卯	庚戌	辛巳	辛亥	壬午	壬子	癸未	25
26	庚戌	戊寅	己酉	己卯	庚戌	庚辰	辛亥	壬午	壬子	癸未	癸丑	甲申	26
27	辛亥	己卯	庚戌	庚辰	辛亥	辛巳	壬子	癸未	癸丑	甲申	甲寅	乙酉	27
28	壬子	庚辰	辛亥	辛巳	壬子	壬午	癸丑	甲申	甲寅	乙酉	乙卯	丙戌	28
29		辛巳	壬子	壬午	癸丑	癸未	甲寅	乙酉	乙卯	丙戌	丙辰	丁亥	29
30		壬午	癸丑	癸未	甲寅	甲申	乙卯	丙戌	丙辰	丁亥	丁巳	戊子	30
31		癸未		甲申		乙酉	丙辰		丁巳		戊午	己丑	31
1	癸丑	甲申	甲寅	乙酉	乙卯	丙戌	丁巳	丁亥	戊午	戊子	己未	庚寅	1
2	甲寅	乙酉	乙卯	丙戌	丙辰	丁亥	戊午	戊子	己未	己丑	庚申	辛卯	2
3	乙卯	丙戌	丙辰	丁亥	丁巳	戊子	己未	己丑	庚申	庚寅	辛酉	壬辰	3
4	丙辰	丁亥	丁巳	戊子	戊午	己丑	庚申	庚寅	辛酉	辛卯	壬戌		4
5				己丑	己未	庚寅	辛酉	辛卯	壬戌	壬辰	癸亥		5
6					庚申	辛卯	壬戌	壬辰	癸亥	癸巳			6
7							癸亥	癸巳					7
8													8
	2月	3月	4月	5月	6月	7月	8月	9月	10月	11月	12月	2023年1月	

令和5年《干支：癸卯》　2023年【四緑】

	2月	3月	4月	5月	6月	7月	8月	9月	10月	11月	12月	2024年1月	
日	甲 寅	乙 卯	丙 辰	丁 巳	戊 午	己 未	庚 申	辛 酉	壬 戌	癸 亥	甲 子	乙 丑	日
4	癸 巳												4
5	甲 午		癸 巳										5
6	乙 未	癸 亥	甲 午	甲 子	乙 未							己 巳	6
7	丙 申	甲 子	乙 未	乙 丑	丙 申	丙 寅					己 亥	庚 午	7
8	丁 酉	乙 丑	丙 申	丙 寅	丁 酉	丁 卯	戊 戌	己 巳	己 亥	庚 午	庚 子	辛 未	8
9	戊 戌	丙 寅	丁 酉	丁 卯	戊 戌	戊 辰	己 亥	庚 午	庚 子	辛 未	辛 丑	壬 申	9
10	己 亥	丁 卯	戊 戌	戊 辰	己 亥	己 巳	庚 子	辛 未	辛 丑	壬 申	壬 寅	癸 酉	10
11	庚 子	戊 辰	己 亥	己 巳	庚 子	庚 午	辛 丑	壬 申	壬 寅	癸 酉	癸 卯	甲 戌	11
12	辛 丑	己 巳	庚 子	庚 午	辛 丑	辛 未	壬 寅	癸 酉	癸 卯	甲 戌	甲 辰	乙 亥	12
13	壬 寅	庚 午	辛 丑	辛 未	壬 寅	壬 申	癸 卯	甲 戌	甲 辰	乙 亥	乙 巳	丙 子	13
14	癸 卯	辛 未	壬 寅	壬 申	癸 卯	癸 酉	甲 辰	乙 亥	乙 巳	丙 子	丙 午	丁 丑	14
15	甲 辰	壬 申	癸 卯	癸 酉	甲 辰	甲 戌	乙 巳	丙 子	丙 午	丁 丑	丁 未	戊 寅	15
16	乙 巳	癸 酉	甲 辰	甲 戌	乙 巳	乙 亥	丙 午	丁 丑	丁 未	戊 寅	戊 申	己 卯	16
17	丙 午	甲 戌	乙 巳	乙 亥	丙 午	丙 子	丁 未	戊 寅	戊 申	己 卯	己 酉	庚 辰	17
18	丁 未	乙 亥	丙 午	丙 子	丁 未	丁 丑	戊 申	己 卯	己 酉	庚 辰	庚 戌	辛 巳	18
19	戊 申	丙 子	丁 未	丁 丑	戊 申	戊 寅	己 酉	庚 辰	庚 戌	辛 巳	辛 亥	壬 午	19
20	己 酉	丁 丑	戊 申	戊 寅	己 酉	己 卯	庚 戌	辛 巳	辛 亥	壬 午	壬 子	癸 未	20
21	庚 戌	戊 寅	己 酉	己 卯	庚 戌	庚 辰	辛 亥	壬 午	壬 子	癸 未	癸 丑	甲 申	21
22	辛 亥	己 卯	庚 戌	庚 辰	辛 亥	辛 巳	壬 子	癸 未	癸 丑	甲 申	甲 寅	乙 酉	22
23	壬 子	庚 辰	辛 亥	辛 巳	壬 子	壬 午	癸 丑	甲 申	甲 寅	乙 酉	乙 卯	丙 戌	23
24	癸 丑	辛 巳	壬 子	壬 午	癸 丑	癸 未	甲 寅	乙 酉	乙 卯	丙 戌	丙 辰	丁 亥	24
25	甲 寅	壬 午	癸 丑	癸 未	甲 寅	甲 申	乙 卯	丙 戌	丙 辰	丁 亥	丁 巳	戊 子	25
26	乙 卯	癸 未	甲 寅	甲 申	乙 卯	乙 酉	丙 辰	丁 亥	丁 巳	戊 子	戊 午	己 丑	26
27	丙 辰	甲 申	乙 卯	乙 酉	丙 辰	丙 戌	丁 巳	戊 子	戊 午	己 丑	己 未	庚 寅	27
28	丁 巳	乙 酉	丙 辰	丙 戌	丁 巳	丁 亥	戊 午	己 丑	己 未	庚 寅	庚 申	辛 卯	28
29		丙 戌	丁 巳	丁 亥	戊 午	戊 子	己 未	庚 寅	庚 申	辛 卯	辛 酉	壬 辰	29
30		丁 亥	戊 午	戊 子	己 未	己 丑	庚 申	辛 卯	辛 酉	壬 辰	壬 戌	癸 巳	30
31		戊 子		己 丑		庚 寅	辛 酉		壬 戌		癸 亥	甲 午	31
1	戊 午	己 丑	己 未	庚 寅	庚 申	辛 卯	壬 戌	壬 辰	癸 亥	癸 巳	甲 子	乙 未	1
2	己 未	庚 寅	庚 申	辛 卯	辛 酉	壬 辰	癸 亥	癸 巳	甲 子	甲 午	乙 丑	丙 申	2
3	庚 申	辛 卯	辛 酉	壬 辰	壬 戌	癸 巳	甲 子	甲 午	乙 丑	乙 未	丙 寅	丁 酉	3
4	辛 酉	壬 辰	壬 戌	癸 巳	癸 亥	甲 午	乙 丑	乙 未	丙 寅	丙 申	丁 卯		4
5	壬 戌		癸 亥	甲 午	甲 子	乙 未	丙 寅	丙 申	丁 卯	丁 酉	戊 辰		5
6					乙 丑	丙 申	丁 卯	丁 酉	戊 辰	戊 戌			6
7						丁 酉	戊 辰	戊 戌	己 巳				7
8													8
	2月	3月	4月	5月	6月	7月	8月	9月	10月	11月	12月	2024年1月	

令和6年《干支：甲辰》　2024年【三碧】

	2月	3月	4月	5月	6月	7月	8月	9月	10月	11月	12月	2025 年1月	
日	丙寅	丁卯	戊辰	己巳	庚午	辛未	壬申	癸酉	甲戌	乙亥	丙子	丁丑	日
4	戊戌		戊戌										4
5	己亥	戊辰	己亥	己巳	庚子							甲戌	5
6	庚子	己巳	庚子	庚午	辛丑	辛未						乙亥	6
7	辛丑	庚午	辛丑	辛未	壬寅	壬申	癸卯	甲戌		乙亥	乙巳	丙子	7
8	壬寅	辛未	壬寅	壬申	癸卯	癸酉	甲辰	乙亥	乙巳	丙子	丙午	丁丑	8
9	癸卯	壬申	癸卯	癸酉	甲辰	甲戌	乙巳	丙子	丙午	丁丑	丁未	戊寅	9
10	甲辰	癸酉	甲辰	甲戌	乙巳	乙亥	丙午	丁丑	丁未	戊寅	戊申	己卯	10
11	乙巳	甲戌	乙巳	乙亥	丙午	丙子	丁未	戊寅	戊申	己卯	己酉	庚辰	11
12	丙午	乙亥	丙午	丙子	丁未	丁丑	戊申	己卯	己酉	庚辰	庚戌	辛巳	12
13	丁未	丙子	丁未	丁丑	戊申	戊寅	己酉	庚辰	庚戌	辛巳	辛亥	壬午	13
14	戊申	丁丑	戊申	戊寅	己酉	己卯	庚戌	辛巳	辛亥	壬午	壬子	癸未	14
15	己酉	戊寅	己酉	己卯	庚戌	庚辰	辛亥	壬午	壬子	癸未	癸丑	甲申	15
16	庚戌	己卯	庚戌	庚辰	辛亥	辛巳	壬子	癸未	癸丑	甲申	甲寅	乙酉	16
17	辛亥	庚辰	辛亥	辛巳	壬子	壬午	癸丑	甲申	甲寅	乙酉	乙卯	丙戌	17
18	壬子	辛巳	壬子	壬午	癸丑	癸未	甲寅	乙酉	乙卯	丙戌	丙辰	丁亥	18
19	癸丑	壬午	癸丑	癸未	甲寅	甲申	乙卯	丙戌	丙辰	丁亥	丁巳	戊子	19
20	甲寅	癸未	甲寅	甲申	乙卯	乙酉	丙辰	丁亥	丁巳	戊子	戊午	己丑	20
21	乙卯	甲申	乙卯	乙酉	丙辰	丙戌	丁巳	戊子	戊午	己丑	己未	庚寅	21
22	丙辰	乙酉	丙辰	丙戌	丁巳	丁亥	戊午	己丑	己未	庚寅	庚申	辛卯	22
23	丁巳	丙戌	丁巳	丁亥	戊午	戊子	己未	庚寅	庚申	辛卯	辛酉	壬辰	23
24	戊午	丁亥	戊午	戊子	己未	己丑	庚申	辛卯	辛酉	壬辰	壬戌	癸巳	24
25	己未	戊子	己未	己丑	庚申	庚寅	辛酉	壬辰	壬戌	癸巳	癸亥	甲午	25
26	庚申	己丑	庚申	庚寅	辛酉	辛卯	壬戌	癸巳	癸亥	甲午	甲子	乙未	26
27	辛酉	庚寅	辛酉	辛卯	壬戌	壬辰	癸亥	甲午	甲子	乙未	乙丑	丙申	27
28	壬戌	辛卯	壬戌	壬辰	癸亥	癸巳	甲子	乙未	乙丑	丙申	丙寅	丁酉	28
29	癸亥	壬辰	癸亥	癸巳	甲子	甲午	乙丑	丙申	丙寅	丁酉	丁卯	戊戌	29
30		癸巳	甲子	甲午	乙丑	乙未	丙寅	丁酉	丁卯	戊戌	戊辰	己亥	30
31		甲午		乙未		丙申	丁卯		戊辰		己巳	庚子	31
1	甲子	乙未	乙丑	丙申	丙寅	丁酉	戊辰	戊戌	己巳	己亥	庚午	辛丑	1
2	乙丑	丙申	丙寅	丁酉	丁卯	戊戌	己巳	己亥	庚午	庚子	辛未	壬寅	2
3	丙寅	丁酉	丁卯	戊戌	戊辰	己亥	庚午	庚子	辛未	辛丑	壬申	癸卯	3
4	丁卯		戊辰	己亥	己巳	庚子	辛未	辛丑	壬申	壬寅	癸酉		4
5					庚午	辛丑	壬申	壬寅	癸酉	癸卯			5
6						壬寅	癸酉	癸卯	甲戌	甲辰			6
7								甲辰					7
8													8
	2月	3月	4月	5月	6月	7月	8月	9月	10月	11月	12月	2025 年1月	

令和7年《干支：乙巳》　2025年【二黒】

	2月	3月	4月	5月	6月	7月	8月	9月	10月	11月	12月	2026年1月	
日	戊寅	己卯	庚辰	辛巳	壬午	癸未	甲申	乙酉	丙戌	丁亥	戊子	己丑	日
4	甲辰		癸卯										4
5	乙巳	癸酉	甲辰	甲戌	乙巳							己卯	5
6	丙午	甲戌	乙巳	乙亥	丙午							庚辰	6
7	丁未	乙亥	丙午	丙子	丁未	丁丑	戊申	己卯		庚辰	庚戌	辛巳	7
8	戊申	丙子	丁未	丁丑	戊申	戊寅	己酉	庚辰	庚戌	辛巳	辛亥	壬午	8
9	己酉	丁丑	戊申	戊寅	己酉	己卯	庚戌	辛巳	辛亥	壬午	壬子	癸未	9
10	庚戌	戊寅	己酉	己卯	庚戌	庚辰	辛亥	壬午	壬子	癸未	癸丑	甲申	10
11	辛亥	己卯	庚戌	庚辰	辛亥	辛巳	壬子	癸未	癸丑	甲申	甲寅	乙酉	11
12	壬子	庚辰	辛亥	辛巳	壬子	壬午	癸丑	甲申	甲寅	乙酉	乙卯	丙戌	12
13	癸丑	辛巳	壬子	壬午	癸丑	癸未	甲寅	乙酉	乙卯	丙戌	丙辰	丁亥	13
14	甲寅	壬午	癸丑	癸未	甲寅	甲申	乙卯	丙戌	丙辰	丁亥	丁巳	戊子	14
15	乙卯	癸未	甲寅	甲申	乙卯	乙酉	丙辰	丁亥	丁巳	戊子	戊午	己丑	15
16	丙辰	甲申	乙卯	乙酉	丙辰	丙戌	丁巳	戊子	戊午	己丑	己未	庚寅	16
17	丁巳	乙酉	丙辰	丙戌	丁巳	丁亥	戊午	己丑	己未	庚寅	庚申	辛卯	17
18	戊午	丙戌	丁巳	丁亥	戊午	戊子	己未	庚寅	庚申	辛卯	辛酉	壬辰	18
19	己未	丁亥	戊午	戊子	己未	己丑	庚申	辛卯	辛酉	壬辰	壬戌	癸巳	19
20	庚申	戊子	己未	己丑	庚申	庚寅	辛酉	壬辰	壬戌	癸巳	癸亥	甲午	20
21	辛酉	己丑	庚申	庚寅	辛酉	辛卯	壬戌	癸巳	癸亥	甲午	甲子	乙未	21
22	壬戌	庚寅	辛酉	辛卯	壬戌	壬辰	癸亥	甲午	甲子	乙未	乙丑	丙申	22
23	癸亥	辛卯	壬戌	壬辰	癸亥	癸巳	甲子	乙未	乙丑	丙申	丙寅	丁酉	23
24	甲子	壬辰	癸亥	癸巳	甲子	甲午	乙丑	丙申	丙寅	丁酉	丁卯	戊戌	24
25	乙丑	癸巳	甲子	甲午	乙丑	乙未	丙寅	丁酉	丁卯	戊戌	戊辰	己亥	25
26	丙寅	甲午	乙丑	乙未	丙寅	丙申	丁卯	戊戌	戊辰	己亥	己巳	庚子	26
27	丁卯	乙未	丙寅	丙申	丁卯	丁酉	戊辰	己亥	己巳	庚子	庚午	辛丑	27
28	戊辰	丙申	丁卯	丁酉	戊辰	戊戌	己巳	庚子	庚午	辛丑	辛未	壬寅	28
29		丁酉	戊辰	戊戌	己巳	己亥	庚午	辛丑	辛未	壬寅	壬申	癸卯	29
30		戊戌	己巳	己亥	庚午	庚子	辛未	壬寅	壬申	癸卯	癸酉	甲辰	30
31		己亥		庚子		辛丑	壬申		癸酉		甲戌	乙巳	31
1	己巳	庚子	庚午	辛丑	辛未	壬寅	癸酉	癸卯	甲戌	甲辰	乙亥	丙午	1
2	庚午	辛丑	辛未	壬寅	壬申	癸卯	甲戌	甲辰	乙亥	乙巳	丙子	丁未	2
3	辛未	壬寅	壬申	癸卯	癸酉	甲辰	乙亥	乙巳	丙子	丙午	丁丑	戊申	3
4	壬申		癸酉	甲辰	甲戌	乙巳	丙子	丙午	丁丑	丁未	戊寅		4
5					乙亥	丙午	丁丑	丁未	戊寅	戊申			5
6					丙子	丁未	戊寅	戊申	己卯	己酉			6
7								己酉					7
8													8
	2月	3月	4月	5月	6月	7月	8月	9月	10月	11月	12月	2026年1月	

令和8年《干支：丙午》　2026年【一白】

	2月	3月	4月	5月	6月	7月	8月	9月	10月	11月	12月	2027年1月	
日	庚寅	辛卯	壬辰	癸巳	甲午	乙未	丙申	丁酉	戊戌	己亥	庚子	辛丑	日
4	己酉												4
5	庚戌	戊寅	己酉	己卯								甲申	5
6	辛亥	己卯	庚戌	庚辰	辛亥							乙酉	6
7	壬子	庚辰	辛亥	辛巳	壬子	壬午	癸丑	甲申		乙酉	乙卯	丙戌	7
8	癸丑	辛巳	壬子	壬午	癸丑	癸未	甲寅	乙酉	乙卯	丙戌	丙辰	丁亥	8
9	甲寅	壬午	癸丑	癸未	甲寅	甲申	乙卯	丙戌	丙辰	丁亥	丁巳	戊子	9
10	乙卯	癸未	甲寅	甲申	乙卯	乙酉	丙辰	丁亥	丁巳	戊子	戊午	己丑	10
11	丙辰	甲申	乙卯	乙酉	丙辰	丙戌	丁巳	戊子	戊午	己丑	己未	庚寅	11
12	丁巳	乙酉	丙辰	丙戌	丁巳	丁亥	戊午	己丑	己未	庚寅	庚申	辛卯	12
13	戊午	丙戌	丁巳	丁亥	戊午	戊子	己未	庚寅	庚申	辛卯	辛酉	壬辰	13
14	己未	丁亥	戊午	戊子	己未	己丑	庚申	辛卯	辛酉	壬辰	壬戌	癸巳	14
15	庚申	戊子	己未	己丑	庚申	庚寅	辛酉	壬辰	壬戌	癸巳	癸亥	甲午	15
16	辛酉	己丑	庚申	庚寅	辛酉	辛卯	壬戌	癸巳	癸亥	甲午	甲子	乙未	16
17	壬戌	庚寅	辛酉	辛卯	壬戌	壬辰	癸亥	甲午	甲子	乙未	乙丑	丙申	17
18	癸亥	辛卯	壬戌	壬辰	癸亥	癸巳	甲子	乙未	乙丑	丙申	丙寅	丁酉	18
19	甲子	壬辰	癸亥	癸巳	甲子	甲午	乙丑	丙申	丙寅	丁酉	丁卯	戊戌	19
20	乙丑	癸巳	甲子	甲午	乙丑	乙未	丙寅	丁酉	丁卯	戊戌	戊辰	己亥	20
21	丙寅	甲午	乙丑	乙未	丙寅	丙申	丁卯	戊戌	戊辰	己亥	己巳	庚子	21
22	丁卯	乙未	丙寅	丙申	丁卯	丁酉	戊辰	己亥	己巳	庚子	庚午	辛丑	22
23	戊辰	丙申	丁卯	丁酉	戊辰	戊戌	己巳	庚子	庚午	辛丑	辛未	壬寅	23
24	己巳	丁酉	戊辰	戊戌	己巳	己亥	庚午	辛丑	辛未	壬寅	壬申	癸卯	24
25	庚午	戊戌	己巳	己亥	庚午	庚子	辛未	壬寅	壬申	癸卯	癸酉	甲辰	25
26	辛未	己亥	庚午	庚子	辛未	辛丑	壬申	癸卯	癸酉	甲辰	甲戌	乙巳	26
27	壬申	庚子	辛未	辛丑	壬申	壬寅	癸酉	甲辰	甲戌	乙巳	乙亥	丙午	27
28	癸酉	辛丑	壬申	壬寅	癸酉	癸卯	甲戌	乙巳	乙亥	丙午	丙子	丁未	28
29		壬寅	癸酉	癸卯	甲戌	甲辰	乙亥	丙午	丙子	丁未	丁丑	戊申	29
30		癸卯	甲戌	甲辰	乙亥	乙巳	丙子	丁未	丁丑	戊申	戊寅	己酉	30
31		甲辰		乙巳		丙午	丁丑		戊寅		己卯	庚戌	31
1	甲戌	乙巳	乙亥	丙午	丙子	丁未	戊寅	戊申	己卯	己酉	庚辰	辛亥	1
2	乙亥	丙午	丙子	丁未	丁丑	戊申	己卯	己酉	庚辰	庚戌	辛巳	壬子	2
3	丙子	丁未	丁丑	戊申	戊寅	己酉	庚辰	庚戌	辛巳	辛亥	壬午	癸丑	3
4	丁丑	戊申	戊寅	己酉	己卯	庚戌	辛巳	辛亥	壬午	壬子	癸未		4
5				庚戌	庚辰	辛亥	壬午	壬子	癸未	癸丑			5
6					辛巳	壬子	癸未	癸丑	甲申	甲寅			6
7								甲寅					7
8													8
	2月	3月	4月	5月	6月	7月	8月	9月	10月	11月	12月	2027年1月	

令和9年《干支：丁未》　2027年【九紫】

	2月	3月	4月	5月	6月	7月	8月	9月	10月	11月	12月	2028年1月	
日	壬寅	癸卯	甲辰	乙巳	丙午	丁未	戊申	己酉	庚戌	辛亥	壬子	癸丑	日
4	甲寅												4
5	乙卯		甲寅										5
6	丙辰	甲申	乙卯	乙酉	丙辰							庚寅	6
7	丁巳	乙酉	丙辰	丙戌	丁巳	丁亥					庚申	辛卯	7
8	戊午	丙戌	丁巳	丁亥	戊午	戊子	己未	庚寅	庚申	辛卯	辛酉	壬辰	8
9	己未	丁亥	戊午	戊子	己未	己丑	庚申	辛卯	辛酉	壬辰	壬戌	癸巳	9
10	庚申	戊子	己未	己丑	庚申	庚寅	辛酉	壬辰	壬戌	癸巳	癸亥	甲午	10
11	辛酉	己丑	庚申	庚寅	辛酉	辛卯	壬戌	癸巳	癸亥	甲午	甲子	乙未	11
12	壬戌	庚寅	辛酉	辛卯	壬戌	壬辰	癸亥	甲午	甲子	乙未	乙丑	丙申	12
13	癸亥	辛卯	壬戌	壬辰	癸亥	癸巳	甲子	乙未	乙丑	丙申	丙寅	丁酉	13
14	甲子	壬辰	癸亥	癸巳	甲子	甲午	乙丑	丙申	丙寅	丁酉	丁卯	戊戌	14
15	乙丑	癸巳	甲子	甲午	乙丑	乙未	丙寅	丁酉	丁卯	戊戌	戊辰	己亥	15
16	丙寅	甲午	乙丑	乙未	丙寅	丙申	丁卯	戊戌	戊辰	己亥	己巳	庚子	16
17	丁卯	乙未	丙寅	丙申	丁卯	丁酉	戊辰	己亥	己巳	庚子	庚午	辛丑	17
18	戊辰	丙申	丁卯	丁酉	戊辰	戊戌	己巳	庚子	庚午	辛丑	辛未	壬寅	18
19	己巳	丁酉	戊辰	戊戌	己巳	己亥	庚午	辛丑	辛未	壬寅	壬申	癸卯	19
20	庚午	戊戌	己巳	己亥	庚午	庚子	辛未	壬寅	壬申	癸卯	癸酉	甲辰	20
21	辛未	己亥	庚午	庚子	辛未	辛丑	壬申	癸卯	癸酉	甲辰	甲戌	乙巳	21
22	壬申	庚子	辛未	辛丑	壬申	壬寅	癸酉	甲辰	甲戌	乙巳	乙亥	丙午	22
23	癸酉	辛丑	壬申	壬寅	癸酉	癸卯	甲戌	乙巳	乙亥	丙午	丙子	丁未	23
24	甲戌	壬寅	癸酉	癸卯	甲戌	甲辰	乙亥	丙午	丙子	丁未	丁丑	戊申	24
25	乙亥	癸卯	甲戌	甲辰	乙亥	乙巳	丙子	丁未	丁丑	戊申	戊寅	己酉	25
26	丙子	甲辰	乙亥	乙巳	丙子	丙午	丁丑	戊申	戊寅	己酉	己卯	庚戌	26
27	丁丑	乙巳	丙子	丙午	丁丑	丁未	戊寅	己酉	己卯	庚戌	庚辰	辛亥	27
28	戊寅	丙午	丁丑	丁未	戊寅	戊申	己卯	庚戌	庚辰	辛亥	辛巳	壬子	28
29		丁未	戊寅	戊申	己卯	己酉	庚辰	辛亥	辛巳	壬子	壬午	癸丑	29
30		戊申	己卯	己酉	庚辰	庚戌	辛巳	壬子	壬午	癸丑	癸未	甲寅	30
31		己酉		庚戌		辛亥	壬午		癸未		甲申	乙卯	31
1	己卯	庚戌	庚辰	辛亥	辛巳	壬子	癸未	癸丑	甲申	甲寅	乙酉	丙辰	1
2	庚辰	辛亥	辛巳	壬子	壬午	癸丑	甲申	甲寅	乙酉	乙卯	丙戌	丁巳	2
3	辛巳	壬子	壬午	癸丑	癸未	甲寅	乙酉	乙卯	丙戌	丙辰	丁亥	戊午	3
4	壬午	癸丑	癸未	甲寅	甲申	乙卯	丙戌	丙辰	丁亥	丁巳	戊子		4
5	癸未		甲申	乙卯	乙酉	丙辰	丁亥	丁巳	戊子	戊午	己丑		5
6					丙戌	丁巳	戊子	戊午	己丑	己未			6
7						戊午	己丑	己未	庚寅				7
8													8
	2月	3月	4月	5月	6月	7月	8月	9月	10月	11月	12月	2028年1月	

令和10年《干支：戊申》　2028年【八白】

	2月	3月	4月	5月	6月	7月	8月	9月	10月	11月	12月	2029年1月	
日	甲寅	乙卯	丙辰	丁巳	戊午	己未	庚申	辛酉	壬戌	癸亥	甲子	乙丑	日
4	己未		己未										4
5	庚申	己丑	庚申	庚寅	辛酉						乙丑	乙未	5
6	辛酉	庚寅	辛酉	辛卯	壬戌	壬辰					丙寅	丙申	6
7	壬戌	辛卯	壬戌	壬辰	癸亥	癸巳	甲子	乙未		丙申	丁卯	丁酉	7
8	癸亥	壬辰	癸亥	癸巳	甲子	甲午	乙丑	丙申	丙寅	丁酉	戊辰	戊戌	8
9	甲子	癸巳	甲子	甲午	乙丑	乙未	丙寅	丁酉	丁卯	戊戌	己巳	己亥	9
10	乙丑	甲午	乙丑	乙未	丙寅	丙申	丁卯	戊戌	戊辰	己亥	庚午	庚子	10
11	丙寅	乙未	丙寅	丙申	丁卯	丁酉	戊辰	己亥	己巳	庚子	辛未	辛丑	11
12	丁卯	丙申	丁卯	丁酉	戊辰	戊戌	己巳	庚子	庚午	辛丑	壬申	壬寅	12
13	戊辰	丁酉	戊辰	戊戌	己巳	己亥	庚午	辛丑	辛未	壬寅	癸酉	癸卯	13
14	己巳	戊戌	己巳	己亥	庚午	庚子	辛未	壬寅	壬申	癸卯	甲戌	甲辰	14
15	庚午	己亥	庚午	庚子	辛未	辛丑	壬申	癸卯	癸酉	甲辰	乙亥	乙巳	15
16	辛未	庚子	辛未	辛丑	壬申	壬寅	癸酉	甲辰	甲戌	乙巳	丙子	丙午	16
17	壬申	辛丑	壬申	壬寅	癸酉	癸卯	甲戌	乙巳	乙亥	丙午	丁丑	丁未	17
18	癸酉	壬寅	癸酉	癸卯	甲戌	甲辰	乙亥	丙午	丙子	丁未	戊寅	戊申	18
19	甲戌	癸卯	甲戌	甲辰	乙亥	乙巳	丙子	丁未	丁丑	戊申	己卯	己酉	19
20	乙亥	甲辰	乙亥	乙巳	丙子	丙午	丁丑	戊申	戊寅	己酉	庚辰	庚戌	20
21	丙子	乙巳	丙子	丙午	丁丑	丁未	戊寅	己酉	己卯	庚戌	辛巳	辛亥	21
22	丁丑	丙午	丁丑	丁未	戊寅	戊申	己卯	庚戌	庚辰	辛亥	壬午	壬子	22
23	戊寅	丁未	戊寅	戊申	己卯	己酉	庚辰	辛亥	辛巳	壬子	癸未	癸丑	23
24	己卯	戊申	己卯	己酉	庚辰	庚戌	辛巳	壬子	壬午	癸丑	甲申	甲寅	24
25	庚辰	己酉	庚辰	庚戌	辛巳	辛亥	壬午	癸丑	癸未	甲寅	乙酉	乙卯	25
26	辛巳	庚戌	辛巳	辛亥	壬午	壬子	癸未	甲寅	甲申	乙卯	丙戌	丙辰	26
27	壬午	辛亥	壬午	壬子	癸未	癸丑	甲申	乙卯	乙酉	丙辰	丁亥	丁巳	27
28	癸未	壬子	癸未	癸丑	甲申	甲寅	乙酉	丙辰	丙戌	丁巳	戊子	戊午	28
29	甲申	癸丑	甲申	甲寅	乙酉	乙卯	丙戌	丁巳	丁亥	戊午	己丑	己未	29
30		甲寅	乙酉	乙卯	丙戌	丙辰	丁亥	戊午	戊子	己未	庚寅	庚申	30
31		乙卯		丙辰		丁巳	戊子		己丑		辛卯	辛酉	31
1	乙酉	丙辰	丙戌	丁巳	丁亥	戊午	己丑	己未	庚寅	庚申	壬辰	壬戌	1
2	丙戌	丁巳	丁亥	戊午	戊子	己未	庚寅	庚申	辛卯	辛酉	癸巳	癸亥	2
3	丁亥	戊午	戊子	己未	己丑	庚申	辛卯	辛酉	壬辰	壬戌	甲午		3
4	戊子		己丑	庚申	庚寅	辛酉	壬辰	壬戌	癸巳	癸亥	乙未		4
5					辛卯	壬戌	癸巳	癸亥	甲午	甲子			5
6						癸亥	甲午	甲子	乙未				6
7								乙丑					7
8													8
	2月	3月	4月	5月	6月	7月	8月	9月	10月	11月	12月	2029年1月	

令和11年《干支：己酉》　2029年【七赤】

	2月	3月	4月	5月	6月	7月	8月	9月	10月	11月	12月	2030年1月	
日	丙寅	丁卯	戊辰	己巳	庚午	辛未	壬申	癸酉	甲戌	乙亥	丙子	丁丑	日
3	甲子												3
4	乙丑		甲子										4
5	丙寅	甲午	乙丑	乙未	丙寅							庚子	5
6	丁卯	乙未	丙寅	丙申	丁卯							辛丑	6
7	戊辰	丙申	丁卯	丁酉	戊辰	戊戌	己巳	庚子		辛丑	辛未	壬寅	7
8	己巳	丁酉	戊辰	戊戌	己巳	己亥	庚午	辛丑	辛未	壬寅	壬申	癸卯	8
9	庚午	戊戌	己巳	己亥	庚午	庚子	辛未	壬寅	壬申	癸卯	癸酉	甲辰	9
10	辛未	己亥	庚午	庚子	辛未	辛丑	壬申	癸卯	癸酉	甲辰	甲戌	乙巳	10
11	壬申	庚子	辛未	辛丑	壬申	壬寅	癸酉	甲辰	甲戌	乙巳	乙亥	丙午	11
12	癸酉	辛丑	壬申	壬寅	癸酉	癸卯	甲戌	乙巳	乙亥	丙午	丙子	丁未	12
13	甲戌	壬寅	癸酉	癸卯	甲戌	甲辰	乙亥	丙午	丙子	丁未	丁丑	戊申	13
14	乙亥	癸卯	甲戌	甲辰	乙亥	乙巳	丙子	丁未	丁丑	戊申	戊寅	己酉	14
15	丙子	甲辰	乙亥	乙巳	丙子	丙午	丁丑	戊申	戊寅	己酉	己卯	庚戌	15
16	丁丑	乙巳	丙子	丙午	丁丑	丁未	戊寅	己酉	己卯	庚戌	庚辰	辛亥	16
17	戊寅	丙午	丁丑	丁未	戊寅	戊申	己卯	庚戌	庚辰	辛亥	辛巳	壬子	17
18	己卯	丁未	戊寅	戊申	己卯	己酉	庚辰	辛亥	辛巳	壬子	壬午	癸丑	18
19	庚辰	戊申	己卯	己酉	庚辰	庚戌	辛巳	壬子	壬午	癸丑	癸未	甲寅	19
20	辛巳	己酉	庚辰	庚戌	辛巳	辛亥	壬午	癸丑	癸未	甲寅	甲申	乙卯	20
21	壬午	庚戌	辛巳	辛亥	壬午	壬子	癸未	甲寅	甲申	乙卯	乙酉	丙辰	21
22	癸未	辛亥	壬午	壬子	癸未	癸丑	甲申	乙卯	乙酉	丙辰	丙戌	丁巳	22
23	甲申	壬子	癸未	癸丑	甲申	甲寅	乙酉	丙辰	丙戌	丁巳	丁亥	戊午	23
24	乙酉	癸丑	甲申	甲寅	乙酉	乙卯	丙戌	丁巳	丁亥	戊午	戊子	己未	24
25	丙戌	甲寅	乙酉	乙卯	丙戌	丙辰	丁亥	戊午	戊子	己未	己丑	庚申	25
26	丁亥	乙卯	丙戌	丙辰	丁亥	丁巳	戊子	己未	己丑	庚申	庚寅	辛酉	26
27	戊子	丙辰	丁亥	丁巳	戊子	戊午	己丑	庚申	庚寅	辛酉	辛卯	壬戌	27
28	己丑	丁巳	戊子	戊午	己丑	己未	庚寅	辛酉	辛卯	壬戌	壬辰	癸亥	28
29		戊午	己丑	己未	庚寅	庚申	辛卯	壬戌	壬辰	癸亥	癸巳	甲子	29
30		己未	庚寅	庚申	辛卯	辛酉	壬辰	癸亥	癸巳	甲子	甲午	乙丑	30
31		庚申		辛酉		壬戌	癸巳		甲午		乙未	丙寅	31
1	庚寅	辛酉	辛卯	壬戌	壬辰	癸亥	甲午	甲子	乙未	乙丑	丙申	丁卯	1
2	辛卯	壬戌	壬辰	癸亥	癸巳	甲子	乙未	乙丑	丙申	丙寅	丁酉	戊辰	2
3	壬辰	癸亥	癸巳	甲子	甲午	乙丑	丙申	丙寅	丁酉	丁卯	戊戌	己巳	3
4	癸巳		甲午	乙丑	乙未	丙寅	丁酉	丁卯	戊戌	戊辰	己亥		4
5					丙申	丁卯	戊戌	戊辰	己亥	己巳			5
6					丁酉	戊辰	己亥	己巳	庚子	庚午			6
7								庚午					7
	2月	3月	4月	5月	6月	7月	8月	9月	10月	11月	12月	2030年1月	

令和12年《干支：庚戌》　2030年【六白】

	2月	3月	4月	5月	6月	7月	8月	9月	10月	11月	12月	2031年1月	
日	戊寅	己卯	庚辰	辛巳	壬午	癸未	甲申	乙酉	丙戌	丁亥	戊子	己丑	日
4	庚午												4
5	辛未	己亥	庚午	庚子	辛未							乙巳	5
6	壬申	庚子	辛未	辛丑	壬申							丙午	6
7	癸酉	辛丑	壬申	壬寅	癸酉	癸卯	甲戌	乙巳		丙午	丙子	丁未	7
8	甲戌	壬寅	癸酉	癸卯	甲戌	甲辰	乙亥	丙午	丙子	丁未	丁丑	戊申	8
9	乙亥	癸卯	甲戌	甲辰	乙亥	乙巳	丙子	丁未	丁丑	戊申	戊寅	己酉	9
10	丙子	甲辰	乙亥	乙巳	丙子	丙午	丁丑	戊申	戊寅	己酉	己卯	庚戌	10
11	丁丑	乙巳	丙子	丙午	丁丑	丁未	戊寅	己酉	己卯	庚戌	庚辰	辛亥	11
12	戊寅	丙午	丁丑	丁未	戊寅	戊申	己卯	庚戌	庚辰	辛亥	辛巳	壬子	12
13	己卯	丁未	戊寅	戊申	己卯	己酉	庚辰	辛亥	辛巳	壬子	壬午	癸丑	13
14	庚辰	戊申	己卯	己酉	庚辰	庚戌	辛巳	壬子	壬午	癸丑	癸未	甲寅	14
15	辛巳	己酉	庚辰	庚戌	辛巳	辛亥	壬午	癸丑	癸未	甲寅	甲申	乙卯	15
16	壬午	庚戌	辛巳	辛亥	壬午	壬子	癸未	甲寅	甲申	乙卯	乙酉	丙辰	16
17	癸未	辛亥	壬午	壬子	癸未	癸丑	甲申	乙卯	乙酉	丙辰	丙戌	丁巳	17
18	甲申	壬子	癸未	癸丑	甲申	甲寅	乙酉	丙辰	丙戌	丁巳	丁亥	戊午	18
19	乙酉	癸丑	甲申	甲寅	乙酉	乙卯	丙戌	丁巳	丁亥	戊午	戊子	己未	19
20	丙戌	甲寅	乙酉	乙卯	丙戌	丙辰	丁亥	戊午	戊子	己未	己丑	庚申	20
21	丁亥	乙卯	丙戌	丙辰	丁亥	丁巳	戊子	己未	己丑	庚申	庚寅	辛酉	21
22	戊子	丙辰	丁亥	丁巳	戊子	戊午	己丑	庚申	庚寅	辛酉	辛卯	壬戌	22
23	己丑	丁巳	戊子	戊午	己丑	己未	庚寅	辛酉	辛卯	壬戌	壬辰	癸亥	23
24	庚寅	戊午	己丑	己未	庚寅	庚申	辛卯	壬戌	壬辰	癸亥	癸巳	甲子	24
25	辛卯	己未	庚寅	庚申	辛卯	辛酉	壬辰	癸亥	癸巳	甲子	甲午	乙丑	25
26	壬辰	庚申	辛卯	辛酉	壬辰	壬戌	癸巳	甲子	甲午	乙丑	乙未	丙寅	26
27	癸巳	辛酉	壬辰	壬戌	癸巳	癸亥	甲午	乙丑	乙未	丙寅	丙申	丁卯	27
28	甲午	壬戌	癸巳	癸亥	甲午	甲子	乙未	丙寅	丙申	丁卯	丁酉	戊辰	28
29		癸亥	甲午	甲子	乙未	乙丑	丙申	丁卯	丁酉	戊辰	戊戌	己巳	29
30		甲子	乙未	乙丑	丙申	丙寅	丁酉	戊辰	戊戌	己巳	己亥	庚午	30
31		乙丑		丙寅		丁卯	戊戌		己亥		庚子	辛未	31
1	乙未	丙寅	丙申	丁卯	丁酉	戊辰	己亥	己巳	庚子	庚午	辛丑	壬申	1
2	丙申	丁卯	丁酉	戊辰	戊戌	己巳	庚子	庚午	辛丑	辛未	壬寅	癸酉	2
3	丁酉	戊辰	戊戌	己巳	己亥	庚午	辛丑	辛未	壬寅	壬申	癸卯	甲戌	3
4	戊戌	己巳	己亥	庚午	庚子	辛未	壬寅	壬申	癸卯	癸酉	甲辰		4
5					辛丑	壬申	癸卯	癸酉	甲辰	甲戌			5
6					壬寅	癸酉	甲辰	甲戌	乙巳	乙亥			6
7								乙亥					7
8													8
	2月	3月	4月	5月	6月	7月	8月	9月	10月	11月	12月	2031年1月	

四柱推命学・天徳流　鑑定・教室のご案内

四柱推命鑑定をご希望の方に

鑑定をご希望の方は、ホームページの「鑑定予約」からお申し込みください。料金・鑑定方法・鑑定時間などの詳細は、ホームページでご確認いただけます。または、直接メールをお送りいただくことも可能です。

鑑定は、対面・ZOOM・電話・メールにて承っております。

四柱推命学教室受講をご希望の方に

1．基礎・応用講座（全10回、基礎6回・応用4回）

1回・2時間（ZOOM講習・ご要望により対面講習も開催）

基礎応用講座修了生の方でさらに深く学びたい方に

2．講師・鑑定師養成講座（全6回）

1回・2時間（ZOOM講習）

料金や講習の内容については、ホームページの「教室案内」をご参考になさってください。教室についてのご質問はメールにて承ります。

ホームページ https://shichusuimei.jp
（「四柱推命　石橋ゆうこ」で検索）
メールアドレス ny.bashi@nifty.com

著者略歴

石橋ゆうこ（いしばし・ゆうこ）

東京都生まれ。東京都在住。

青山学院大学文学部卒業。

四柱推命歴 30 年、鑑定人数 1 万名以上。

的中率の高さから四柱推命学に興味を持ち、30 代に三木照山氏の通信教育にて 2 年間学ぶ。40 代に日本推命学会長・安田靖氏の直弟子となり約 7 年勉強会に参加。

現在、四柱推命学天徳流を開き、師範として四柱推命の普及に努める。天徳星を大切に考え、所謂「占いは怖いもの」といった世間の考え方を払拭すべく、鑑定業の傍ら、四柱推命教室、セミナーを多数開催。近年では、ZOOM 講習を通して全国に普及活動を広げている。

基礎、応用講座を修了した者には、鑑定師、講師への道も作り、後進の指導にあたっている。

ホームページ https://shichusuimei.jp
（「四柱推命　石橋ゆうこ」で検索）

成功をつかむ最強の法則　四柱推命で導く天徳の力

2021年9月5日　初版発行

著　者　石橋ゆうこ
発行人　吉木稔朗
発売所　株式会社 創藝社
〒162-0806 東京都新宿区榎町75番地　APビル5F
電話(050)3697-3347　FAX(03)4243-3760
印　刷　中央精版印刷株式会社
カバーデザイン　合同会社スマイルファクトリー
本文デザイン　株式会社クリエイターズ・ジャパン
帯写真撮影　藤谷勝志

ISBN978-4-88144-257-9　C0011